KB051901

i'm WORD
중학기본영단어

i'm WORD 중학기본영단어

2013년 2월 10일 초판 인쇄
2013년 2월 15일 초판 발행

지은이 Enjc스터디
발행인 손건
편집기획 이언영, 손지완
마케팅 김재윤
디자인 김선옥
제작 최승용
인쇄 선경프린테크

발행처 LanCom 랭컴
주소 서울시 영등포구 문래동 3가 벽산메가트리움 101동 302호
등록번호 제 312-2006-00060호
전화 02) 2636-0895
팩스 02) 2636-0896
홈페이지 www.lancom.co.kr

ⓒ 랭컴 2013
ISBN 978-89-98469-10-8   52740

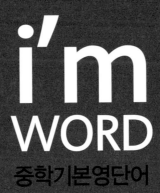

i'm
WORD
중학기본영단어

| Enjc스터디 지음 |

LanCom
Language & Communication

이 책의 특징

Ⅰ **중학생이 기본적으로 알아야 할 1,600 단어를 엄선하였습니다.**

중학교 영어 학습을 하는 데 지장이 없도록 기본적으로 알아두어야 할 단어만을 집중 분석하여 엄선하였습니다. 모든 표제어에는 일련번호를 붙여 자신이 암기한 단어가 몇 개째인지 확인하면서 학습할 수 있습니다. 또한 단어의 레벨에 따라 3단계(Basic, Essential, Advanced Stage)로 분류하였으며, 하루 단어 학습량을 20단어로 하여 총 80일이면 끝낼 수 있도록 구성하였습니다.

2 **대한민국 최초 구(句:phrase)로 기억력을 높이는 단어 학습법을 도입하였습니다.**

서로 관련된 몇 개의 단어가 모여서 이루어진 형태가 구(句: phrase)입니다. 여기에는 단어의 가장 중요한 의미, 형태, 용법, 연어까지 응축되어 있으므로 구(句)를 통한 어휘 학습은 단어를 가장 빠르고 명확하게 익히는 혁명적인 단어 암기법입니다. 이 책에서는 모든 표제어에 간결한 어구의 형태가 제시되어 있으므로 Minimal Phrase[최소의 노력으로 최대의 어휘력 향상]을 통해 한 번 더 확실하게 의미를 파악함으로써 오랫동안 단어를 기억할 수 있습니다.

ex) a bird in a cage 새장 <u>안의</u> 새

3 **단어의 핵심적인 뜻과 활용도가 높은 예문으로 구성되어 있습니다.**

하나의 단어는 보통 두 가지 이상의 뜻을 가지고 있지만 중심적인 의미가 한 가지뿐인 경우가 많으므로 중심 의미만 우선

암기하면 됩니다. 따라서 각 단어가 지닌 모든 뜻을 암기하는 데 시간을 낭비할 필요가 없습니다. 각 단어의 가장 핵심적인 뜻과 간결하면서도 활용도가 높은 예문을 선별하여 실어 놓았으므로 이 단어장에 있는 내용만 모두 익힌다면 기본이 탄탄한 어휘력으로 중학영어에 자신감을 심어줄 것입니다.

4 들고 다니면서 외울 수 있도록 휴대용 사이즈로 제작하였습니다.

휴대의 편리함을 최대한 살린 한손에 꼭 잡히는 핸드북 영단어장으로 어휘책의 내용은 그대로 공부하면서 언제 어디서나 쉽게 꺼내 들고 다니면서 반복해서 암기할 수 있습니다. 단어는 반복학습이 제일 중요합니다.

5 들으면 저절로 암기가 되는 mp3 파일을 랭컴출판사 홈페이지에서 제공합니다.

원어민이 녹음한 표제어와 예문, 그 뜻을 한국인 성우가 녹음하여 교재 없이도 들으면서 단어를 암기할 수 있습니다. 원어민의 녹음은 모두 누구나 알아듣기 쉽도록 다소 차분한 속도와 또박또박하고 정확한 발음으로 녹음하였습니다. 랭컴출판사 홈페이지(www.lancom.co.kr)에서 무료로 다운받을 수 있도록 준비되어 있으니 많은 이용 바랍니다.

ENGLISH IS WORD 영어는 단어다

단어를 모르고 영어를 공부한다는 것은 벽돌도 없이 집을 짓 겠다는 이야기다. 단어가 모여 문장이 된다. 한 문장의 의미를 알기 위해서는 문법 등의 여러 지식이 필요하지만, 우선은 각 단어의 의미를 알아야 영어를 제대로 이해할 수 있다.

영단어를 집중적으로 암기하기 위해서는 다음 암기법을 참고 하라.

| 매일 단어 개수를 정해 하루도 빠짐없이 꾸준히 외운다.

하루 30개
1년이면 10,950개

영어뿐만 아니라 다른 과목도 공부해야 하므로 하루에 암기 할 수 있는 단어 개수를 자신의 학습 역량에 맞게 정하여 암기 한다.

---

2 한 번에 암기하는 것보다 시차를 두고 반복하면서 단어 와 친해져라.

기억력은 한계가 있기 때문에 단번에 모든 것을 기억할 수 없 다. 시간이 지나면 자연적으로 기억이 소멸하게 되므로 전체 적으로 암기학습이 끝난 다음에 일정한 시차를 두고 반복해서 암기한다.

1일	2일	3일
영단어를 처음 만났다	두번째 만난날 손을 잡았다	세번째 만난날 ~~ 자꾸 봐야 정이 든다

3 구와 예문을 통해 단어의 이미지를 머리에 그려라.

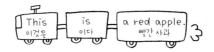

단어의 가장 중요한 의미, 형태, 용법, 연어까지 응축되어 있는 구(句)와 쓰임과 문장구조를 알 수 있는 예문을 통한 어휘 학습은 단어를 가장 빠르고 명확하게 이미지를 떠올릴 수 있으며 기억도 오래 간다.

4 자투리 시간을 최대한 활용하라.

책상 앞에 앉아서만 외우지 말고 등하교, 쉬는 시간, 화장실, 잠자리들기 전후 등 하루 중 남는 시간을 최대한 이용해 단어를 외운다.

5 단어를 발음으로 암기하되, 원어민의 발음을 듣고 따라하는 습관을 길러라.

'에스 아이 티(sit)' 처럼 하나하나 떼어 스펠링을 되뇌이며 외우지 말고 '씻' 하고 단어 전체를 발음하며 외우도록 하자. 원어민의 발음을 듣고 따라하면서 암기하면 더욱 큰 효과를 볼 수 있다. 이렇게 하면 굳이 시커멓게 깜지에 써가며 외우지 않아도 된다.

차례

일러두기

- 명 명사
- 대 대명사
- 관 관사
- 동 동사
- 형 형용사
- 부 부사
- 전 전치사
- 접 접속사
- 감 감탄사
- 의 의문사
- 유 유의어
- 반 반의어

Part 1

Basic Stage

중학 영어를 공부하기 위해서 가장 먼저 기본적으로 알아야 할 중요한 단어이므로 소홀히 해서는 안 됩니다.

*01*일째

- ☐ I
- ☐ a / an
- ☐ do
- ☐ no
- ☐ it
- ☐ you
- ☐ Mr.
- ☐ sir
- ☐ of
- ☐ not

- ☐ hi
- ☐ be
- ☐ oh
- ☐ yes
- ☐ we
- ☐ Ms.
- ☐ Mrs.
- ☐ in
- ☐ at
- ☐ or

_____ 개

0001

I

[ai]

☐ ☐ ☐

㈜ 나는, 내가 (소유격 my, 목적격 me, 소유대명사 mine)

I like music.
나는 음악을 좋아한다.

0002

hi

[hai]

☐ ☐ ☐

㈎안녕 〈만났을 때〉(hello보다 친숙한 표현) (꿘 bye)

Hi. How are you?
안녕. 잘 지내니?

0003

a / an

[ə] / [ən]

☐ ☐ ☐

㉐ 하나의

There is *a* book on the desk.
책상 위에 책이 한 권 있다.

0004

be

[bi]

☐ ☐ ☐

㉐ ~이다, ~있다; ~되다

He'll *be* waiting for us.
그가 우리를 기다리고 있을 거야.

0005
do

[du:]

□ □ □

통 ~하다

Do your best.
최선을 다해라.

0006
oh

[ou]

□ □ □

감 오오, 아; 어이

Oh, Bill!
어이, 빌!

0007
no

[nou]

□ □ □

형 하나의 ~도 없는 튀 아니(오)

No, thanks.
아니오, 괜찮습니다.

0008
yes

[jes]

□ □ □

형 튀 예, 응 (대답)

Yes, I'm fine.
네, 괜찮아요.

0009
it

[it]

□ □ □

때 그것 (소유격 its, 목적격 it)

It's a difficult question.
그건 어려운 질문이다.

0010
we

[wi:]

□ □ □

때 우리(들) (소유격 our, 목적격 us,
소유대명사 ours)

We work together.
우리는 같이 일한다.

0011
you

[ju:]

□ □ □

때 당신(들) (소유격 your, 목적격 you,
소유대명사 yours)

Being angry is not good for ***you***.
화를 내는 것은 너에게 좋지 않다.

0012
Ms(.)
[miz]

☐ ☐ ☐

몡 ~씨 (미혼·기혼의 구별이 없는 여성의 존칭)

Is *Ms.* Smith in?
스미스 씨가 안에 있나요?

0013
Mr(.)
[místə:r]

☐ ☐ ☐

몡 ~씨, ~님 (남자의 성·성명·직명 등 앞에 붙이는 경칭)

May I speak to *Mr.* Mason?
메이슨 씨와 통화할 수 있을까요?

0014
Mrs(.)
[mísiz / mísis]

☐ ☐ ☐

몡 ~부인, ~님 (기혼 여성의 성 또는 남편의 성 앞에)

Mrs. Smith has two sons.
스미스 씨는 아들이 둘 있다.

0015
sir
[sə:r]

☐ ☐ ☐

몡 님, 씨, 선생님; 경 (남자의 호칭)

Good morning, *sir*.
안녕하십니까, 선생님.

0016
in
[in]

☐ ☐ ☐

젠 뷔 ~안에

The cat wants *in*.
고양이가 안으로 들어가고 싶어 한다.

0017
of
[əv / ʌv]

☐ ☐ ☐

젠 ~의

What's the title *of* the song?
그 노래의 제목이 뭐니?

0018
at
[æt]

☐ ☐ ☐

젠 ~에

She is *at* the front door.
그녀는 현관에 있다.

0019

not ♥ ~아니다, ~않다

[nat / nɔt]

☐ ☐ ☐

Wealth is *not* everything.
재물이 전부는 아니다.

0020

or 웹 또는, 혹은

[ɔːr]

☐ ☐ ☐

I walk *or* bike to school.
나는 걷거나 자전거를 타고 학교에 간다.

Minimal ＊ Phrases

☐ another I	제2의 **나**
☐ say hi to her	그녀에게 **안부를** 전하다
☐ for a week	1주간
☐ be on guard	보초 서고 **있다**
☐ do one's homework	숙제를 **하다**
☐ Oh, sorry.	**오**, 미안.
☐ no parking	주차 **금지**
☐ say 'yes'	'**네**' 라고 말하다
☐ That's it.	바로 **그거야**.
☐ why don't we	**우리** ~할까요
☐ friendship between you and me	**너**와 나의 우정
☐ a meeting with Ms. Wilson	윌슨 **씨와의** 모임
☐ with the help of Mr. Brown	브라운 **씨의** 협조로
☐ Mr. and Mrs. Jones	존스 **씨** 부부
☐ Sir Isaac Newton	아이삭 뉴튼 **경**
☐ a bird in a cage	새장 **안의** 새
☐ the gates of heaven	천국**의** 문
☐ at the theater	극장**에서**
☐ not a few	적지 **않은**
☐ summer or winter	여름 **또는** 겨울

내가 아는 단어는 몇 개인가요?

☐ he	☐ she
☐ and	☐ boy
☐ girl	☐ the
☐ to	☐ for
☐ up	☐ hey
☐ wow	☐ dad
☐ mom	☐ one
☐ this	☐ that
☐ say	☐ hello
☐ okay	☐ bye

_____ 개

0021

he

[hi:]

☐ ☐ ☐

때 그는, 그가 (소유격 his, 목적격 him, 소유대명사 his)

He worked hard on his farm.
그는 그의 농장에서 열심히 일했다.

0022

she

[ʃi:]

☐ ☐ ☐

때 그녀는, 그녀가 (소유격 her, 목적격 her, 소유대명사 hers)

She has to be kinder to her friends.
그녀는 친구들에게 좀 더 친절해야 한다.

0023

and

[ænd]

☐ ☐ ☐

접 그리고, ~와

A rabbit has long ears ***and*** red eyes.
토끼는 긴 귀와 빨간 눈을 가지고 있다.

0024

boy

[bɔi]

☐ ☐ ☐

명 소년

He is the most handsome ***boy*** in the class.
그는 학급에서 가장 잘생긴 소년이다.

14

0025
girl [명] 소녀; 여학생
[gəːrl]
□ □ □
The ***girls*** danced hand in hand.
그 소녀들은 손에 손을 잡고 춤췄다.

0026
the [관] 그 (해석하지 않아도 되는 경우가 많음)
[ðə / ði]
□ □ □
The vase is in the center of the table.
그 꽃병은 탁자 중앙에 있다.

0027
to [전] ~으로, ~까지
[tə / tuː]
□ □ □
I want to go ***to*** the South Pole someday.
언젠가 남극에 가고 싶다.

0028
for [전] ~을 위하여; ~동안
[fɔːr]
□ □ □
I haven't seen him ***for*** three years.
그를 삼년 동안이나 보지 못했다.

0029
up [부] [전] ~위로, 위에
[ʌp]
□ □ □
I climbed ***up*** to the top of the mountain.
나는 산꼭대기까지 올라갔다.

0030
hey [감] 이봐, 어이
[hei]
□ □ □
Hey, why do you look so tired?
이봐, 왜 그렇게 피곤해 보여?

0031
wow [감] 야아, 와
[wau]
□ □ □
Wow! You speak English very well.
와! 영어를 참 잘 하시네요.

0032

dad

[dæd]

☐ ☐ ☐

몡 아빠, 아버지 (daddy는 papa보다 흔히 쓰는 말)

My *dad* is working in China.
나의 아빠는 중국에서 일하고 계신다.

0033

mom

[mam / mɔm]

☐ ☐ ☐

몡 엄마, 어머니 (윤 mommy)

My *mom* runs a toy shop.
나의 엄마는 장난감 가게를 운영하신다.

0034

one

[wʌn]

☐ ☐ ☐

혱 하나의 몡 하나

You have to slide one by *one*.
한 명씩 한 명씩 미끄럼틀을 타야 한다.

0035

this

[ðis]

☐ ☐ ☐

떼 이것, 이 물건[사람]
혱 이 (〈복수〉 these [ðiːz])

This is my wife.
이 사람은 내 아내이다.

0036

that

[ðæt]

☐ ☐ ☐

떼 저것, 저 물건[사람]
혱 저, 그 (〈복수〉 those [ðouz])

This is better than *that*.
이것은 저것보다 좋다.

0037

say

[sei]

☐ ☐ ☐

됭 말하다 (윤 speak)

It is very courageous of him to *say* so.
그가 그런 말을 하다니 대단히 용감하다.

0038

hello

[helóu]

☐ ☐ ☐

쟘 여보, 이봐; 여보세요

Hello. This is Susan.
여보세요. 수잔입니다.

0039

okay

ⓗ 좋은 ⓖ 좋아

[òukéi]

☐ ☐ ☐

In April I broke my leg, but it is *okay* now.

4월에 다리가 부러졌는데 지금은 괜찮아.

0040

bye

ⓖ 안녕

[bai]

☐ ☐ ☐

Good-*bye*.

안녕히 가십시오.

Minimal ✳ Phrases

☐ he and his family	**그**와 가족들
☐ a she-cat	**암**고양이
☐ eat and drink	먹**고** 마시다
☐ a paper boy	신문팔이 **소년**
☐ a girls' school	**여**학교
☐ the painters of the time	**그** 당시의 화가들
☐ the way to the station	역**으로** 가는 길
☐ go for a walk	산책**하러** 가다
☐ look up at the sky	하늘을 **쳐다**보다
☐ Hey, you!	**어이**, 자네!
☐ Wow! Look at that car!	**야아!** 저 차 좀 보세요!
☐ mom and dad	엄마 **아빠**
☐ a boy and his mom	한 소년과 그의 **엄마**
☐ in one word	**한** 마디로 말해서
☐ live in this country	**이** 나라에서 살다
☐ in that city	**그** 도시에서는
☐ say to oneself	혼잣**말**을 **하다**
☐ say hello	**안부** 전하다
☐ feel okay	기분이 **좋다**
☐ say good-bye	**작별** 인사를 하다

내가 아는 단어는 몇개인가요?

☐ sorry	☐ now
☐ new	☐ son
☐ man	☐ eye
☐ ear	☐ too
☐ from	☐ nice
☐ good	☐ see
☐ they	☐ day
☐ on	☐ go
☐ so	☐ all
☐ by	☐ if

＿＿＿＿ 개

0041

sorry

형 슬픈, 유감스러운 ② 미안합니다

[sári / sɔ́:ri]
☐ ☐ ☐

I'm *sorry* about her leaving.
그녀가 떠나서 유감이다.

0042

now

명 뿐 지금, 현재

[nau]
☐ ☐ ☐

Now is a good time.
지금이야말로 좋은 기회이다.

0043

new

형 새로운 (반 old)

[nju:]
☐ ☐ ☐

My *new* classmates are all very
friendly and funny.
나의 새 친구들은 모두 무척 친절하고 재미있다.

0044

son

명 아들 (반 daughter)

[sʌn]
☐ ☐ ☐

He has two *sons*, who became singers.
그는 아들이 둘 있는데 그들 모두 가수가 되었다.

0045
man

[mæn]

⬜ ⬜ ⬜

몡 남자 (⬁ woman); 사람

He was a greedy *man*.

그는 욕심이 많은 사람이었다.

0046
eye

[ai]

⬜ ⬜ ⬜

몡 눈

She has dark *eyes*.

그녀의 눈은 검은색이다.

0047
ear

[iər]

⬜ ⬜ ⬜

몡 귀

He has small feet and big *ears*.

그는 작은 발과 큰 귀를 가지고 있다.

0048
too

[tuː]

⬜ ⬜ ⬜

悍 또한; 너무나

Korean people like games, *too*.

한국 사람들도 역시 놀이를 좋아한다.

0049
from

[frʌm]

⬜ ⬜ ⬜

젠 ~에서, ~로부터

Wine is made *from* grapes.

포도주는 포도로 만들어진다.

0050
nice

[nais]

⬜ ⬜ ⬜

영 좋은; 친절한

My aunt is a very *nice* lady.

나의 숙모는 아주 친절한 분이다.

0051
good

[gud]

⬜ ⬜ ⬜

영 좋은; 맛있는

It is not *good* to overuse computers.

컴퓨터를 너무 많이 쓰는 것은 좋지 않다.

0052

see
[siː]
☐ ☐ ☐

동 보다 (유 look)

She was surprised to *see* a snake.
그녀는 뱀을 보고 놀랐다.

0053

they
[ðei]
☐ ☐ ☐

대 그들, 그것들 (소유격 their, 목적격 them, 소유대명사 theirs)

They gave a big hand to the pianist.
그들은 그 피아니스트에게 큰 박수를 보냈다.

0054

day
[dei]
☐ ☐ ☐

명 낮; 하루

During the *day*, they were very busy.
하루 동안 그들은 매우 바빴다.

0055

on
[ɔːn]
☐ ☐ ☐

전 ~위에, ~에

There is a glass *on* the table.
테이블 위에 잔이 하나 있다.

0056

go
[gou]
☐ ☐ ☐

동 가다

○ go-went-gone

I *went* to Australia this summer.
이번 여름에 호주에 갔었다.

0057

so
[sou]
☐ ☐ ☐

부 그렇게; 매우 접 그래서

You are *so* kind.
너는 매우 친절하다.

0058

all
[ɔːl]
☐ ☐ ☐

형 모든 대 모든 것, 모두

All her dresses are new.
그녀의 모든 드레스는 새 것이다.

0059
by
[bai]
☐ ☐ ☐

(전) ~에 의해서, ~으로; ~옆에

My sister goes to school *by* train.
누나는 기차로 통학한다.

0060
if
[if]
☐ ☐ ☐

(접) (만약) ~이면

If he is brave, he will do it.
만일 그가 용감하다면, 그는 그것을 할 것이다.

Minimal ☀ Phrases

☐ be sorry about	~에 대해 **미안하다**
☐ right now	**지금** 당장
☐ a new book	**신간** 서적
☐ one's eldest son	**맏아들**
☐ man and woman	**남자**와 여자
☐ a black eye	멍든 **눈**
☐ a good ear	예민한 **귀**
☐ too beautiful for words	형용할 수 없을 만큼 **너무** 아름다운
☐ from early this morning	오늘 아침 일찍**부터**
☐ a nice day	**좋은** 날
☐ a good house	**좋은** 집
☐ see a movie	영화를 **보다**
☐ They waited.	**그들**은 기다렸다.
☐ Mother's Day	어머니**날**
☐ a picture on the wall	벽**에** 걸린 그림
☐ go on a journey	여행을 **가다**
☐ feel so good	기분이 **매우** 좋다
☐ all of the students	학생 **전원**
☐ stand by the gate	문 **옆에** 서다
☐ if I had wings	**만약** 나에게 날개가 있다면

21

04일째

학습일 : ___ 월 ___ 일

내가 아는 단어는 몇 개인가요?

☐ ant	☐ cut
☐ act	☐ jog
☐ bit	☐ oil
☐ lie	☐ tip
☐ yet	☐ war
☐ cry	☐ vow
☐ pal	☐ fill
☐ lift	☐ tap
☐ top	☐ arm
☐ fur	☐ soak

____ 개

0061
ant [명] 개미
[ænt]
☐ ☐ ☐
They worked hard like ***ants***.
그들은 마치 개미처럼 열심히 일했다.

0062
cut [동] 베다, 깎다
[kʌt]
☐ ☐ ☐
cut-cut-cut
I ***cut*** my finger yesterday.
나는 어제 손가락을 베었다.

0063
act [명] 행동 [동] 행동하다
[ækt]
☐ ☐ ☐
The boy ***acted*** like a baby.
그 소년은 아기처럼 행동했다.

0064
jog [동] 살짝 밀다; 조깅하다
[dʒɔg]
☐ ☐ ☐
I ***jog*** every morning before breakfast.
나는 매일 아침식사 전에 조깅한다.

0065

bit

[bit]

□ □ □

몡 한 조각; 약간; 몫

He ate every **bit** of his dinner.

그는 저녁식사를 남김없이 먹었다.

0066

oil

[ɔil]

□ □ □

몡 기름; 석유

Mother fries fish in **oil**.

어머니는 기름에 생선을 튀기신다.

0067

lie

[lai]

□ □ □

동 눕다; 거짓말 하다 몡 거짓말

You must not **lie**.

거짓말해서는 안 된다.

0068

tip

[tip]

□ □ □

몡 팁, 사례금; (가늘고 긴 것의) 끝

I gave her a five dollar **tip**.

나는 그녀에게 5달러의 팁을 주었다.

0069

yet

[jet]

□ □ □

튄 아직

He has not arrived **yet**.

그는 아직 도착하지 않았다.

0070

war

[wɔːr]

□ □ □

몡 전쟁 (밴 peace)

World **War** II broke out in 1939.

제2차 세계대전은 1939년에 일어났다.

0071

cry

[krai]

□ □ □

동 소리치다; 울다 몡 우는[고함] 소리

Babies **cry** when they are hungry.

아기들은 배가 고프면 운다.

0072

vow

[vau]

□ □ □

똉 맹세, 서약

I am under a *vow* not to smoke again.
나는 다시는 흡연하지 않기로 맹세했다.

0073

pal

[pæl]

□ □ □

똉 동아리, 단짝; 친구

It must be very interesting to
have a pen *pal*.
펜팔 친구를 갖는다는 것은 무척 흥미 있을 거야.

0074

fill

[fil]

□ □ □

동 채우다

Sumi *filled* the bottle with water.
수미는 그 병을 물로 채웠다.

0075

lift

[lift]

□ □ □

동 (들어) 올리다

He is able to *lift* the rock.
그는 바위를 들 수 있다.

0076

tap

[tæp]

□ □ □

동 가볍게 두드리다

He *tapped* me on the shoulder.
그는 내 어깨를 가볍게 툭 쳤다.

0077

top

[tap / tɔp]

□ □ □

똉 꼭대기, 정상

He reached the *top* of the mountain.
그는 산꼭대기에 도착했다.

0078

arm

[aːrm]

□ □ □

똉 팔

I hurt my *arm*.
나는 팔을 다쳤다.

0079

fur [명] 모피; 털

[fəːr]

☐ ☐ ☐

When a koala is born, he has no ***fur***.

코알라는 태어날 때 털이 없다.

0080

soak [동] 적시다; 빨아들이다

[souk]

☐ ☐ ☐

The water ***soaks*** the earth.

물이 지면에 스며든다.

Minimal ✳ Phrases

☐ a queen ant	여왕**개미**
☐ cut the apple with a knife	칼로 사과를 **쪼개다**
☐ an act of kindness	친절한 **행동**
☐ go jogging	**조깅하러** 가다
☐ a tiny bit	아주 **조금**
☐ cooking oil	식용**유**
☐ lie down on the grass	풀밭에 **눕다**
☐ accept a tip	**팁**을 받다
☐ not yet published	**아직** 발행되지 않은
☐ hate war	**전쟁**을 증오하다
☐ cry in a loud voice	큰소리 **지르다**
☐ be loyal to a vow	**맹세**를 충실히 지키다
☐ a pen pal	편지 **친구**[펜팔]
☐ fill a glass	잔을 **채우다**
☐ lift a thing with a crane	기중기로 **들어 올리다**
☐ tap a nail into a wall	벽에 못을 **두드려 박다**
☐ the top of the mountain	산 **정상**
☐ stretch arms	**팔**을 쭉 뻗다
☐ a fur trader	**모피**상인
☐ soak bread in milk	빵을 우유에 **적시다**

내가 아는 단어는 몇 개인가요?

☐ very	☐ bag
☐ big	☐ beg
☐ tea	☐ boil
☐ soft	☐ until
☐ mix	☐ dry
☐ dirt	☐ area
☐ tall	☐ old
☐ fine	☐ sad
☐ fun	☐ kind
☐ glad	☐ cute

_____ 개

0081

very

[véri]

☐ ☐ ☐

🞮 대단히, 매우;〈부정문〉 그다지

It's **very** hot today.
오늘은 아주 덥다.

0082

bag

[bæg]

☐ ☐ ☐

🞮 주머니; 가방

I have three books in my **bag**.
내 가방 안에 책이 세 권 있다.

0083

big

[big]

☐ ☐ ☐

🞮 큰, 거대한 (🞮 small, little)

He lives in a **big** house.
그는 큰 집에서 산다.

0084

beg

[beg]

☐ ☐ ☐

🞮 빌다; 청하다, 구하다

The beggar was **begging** for bread.
그 거지는 빵을 구걸하고 있었다.

0085
tea [명] 차, 홍차
[tiː]
□ □ □
She ate a sandwich with a cup of ***tea***.
그녀는 차와 함께 샌드위치를 먹었다.

0086
boil [동] 끓(이)다
[bɔil]
□ □ □
She ***boiled*** eggs.
그녀는 계란을 삶았다.

0087
soft [형] 부드러운 ([반] hard); 상냥한
[sɔ(ː)ft]
□ □ □
She speaks in a ***soft*** voice.
그녀는 상냥한 목소리로 말한다.

0088
until [전] ~까지
[əntíl]
□ □ □
Wait here ***until*** I come back.
내가 돌아올 때까지 여기서 기다려라.

0089
mix [동] 섞다 (mixture [명] 혼합, mixer [명] 믹서)
[miks]
□ □ □
Oil and water don't ***mix***.
기름과 물은 섞이지 않는다.

0090
dry [형] 마른, 건조한 ([반] wet)
[drai]
□ □ □
It is very ***dry*** today.
오늘은 매우 건조하다.

0091
dirt [명] 먼지, 쓰레기; 진흙 ([유] mud)
[dəːrt]
□ □ □
Dirt is being shoveled into bags.
흙을 삽으로 떠서 자루에 담고 있다.

0092

area   몡 지역, 범위

[ɛ́əriə]

Is there a hotel in this **area**?

☐ ☐ ☐   이 지역에 호텔이 있습니까?

0093

tall   휑 키가 큰, 높은 (밴 short)

[tɔ:l]

A **tall** tree stood on the road.

☐ ☐ ☐   그 길에는 키 큰 나무가 한 그루 서 있었다.

0094

old   휑 늙은 (밴 young); 오래된 (밴 new); ~살의

[ould]

I gave up my seat to an **old** man in the bus.

☐ ☐ ☐   버스에서 연세가 많으신 분에게 자리를 양보했다.

0095

fine   휑 멋진; (날씨가) 맑은; 건강한

[fain]

It is **fine** today.

☐ ☐ ☐   오늘은 날씨가 좋다.

0096

sad   휑 슬픈 (밴 glad)

[sæd]

I am very **sad**.

☐ ☐ ☐   나는 매우 슬프다.

0097

fun   몡 재미 휑 즐거운

[fʌn]

We had a lot of **fun** at the picnic.

☐ ☐ ☐   우리는 소풍 가서 아주 재미있게 보냈다.

0098

kind   휑 친절한, 상냥한 몡 종류 (㈜ class, sort)

[kaind]

He is very **kind** to me.

☐ ☐ ☐   그는 나에게 무척 친절하다.

0099
glad
[glæd]
□ □ □

혱 기쁜 (밴 sad)

I am very *glad* that you got well.
병이 나았다니 참 기쁘다.

0100
cute
[kju:t]
□ □ □

혱 귀여운

The puppy is very *cute*.
그 강아지는 매우 귀엽다.

Minimal ✳ Phrases

□ very kind	대단히 친절하다
□ put it into a bag	그것을 주머니에 넣다
□ a big boy	(몸집이) 큰 소년
□ beg forgiveness	용서를 빌다
□ add sugar to tea	홍차에 설탕을 넣다
□ water boils	물이 끓다
□ a soft bed	푹신한 침대
□ until noon	정오까지
□ mix wine with water	포도주를 물과 섞다
□ dry air	건조한 공기
□ sweep the dirt out	먼지를 쓸어내다
□ a large area	넓은 지역
□ a tall building	높은 건물
□ an old coat	헌옷
□ a fine view	좋은 경치
□ a sad story	슬픈 이야기
□ great fun	커다란 재미
□ a kind boy	친절한 소년
□ be glad to meet her	그녀를 만나서 기쁘다
□ a cute baby	귀여운 아기

06일째

학습일 : ___ 월 ___ 일

내가 아는 단어는 몇 개인가요?

- ☐ free
- ☐ age
- ☐ end
- ☐ talk
- ☐ have
- ☐ bed
- ☐ time
- ☐ poor
- ☐ word
- ☐ love
- ☐ leg
- ☐ can
- ☐ run
- ☐ live
- ☐ tell
- ☐ bad
- ☐ luck
- ☐ hour
- ☐ book
- ☐ box

___ 개

0101

free

[fri:]

☐ ☐ ☐

[형] 자유로운; 한가한 ([반] busy); 무료의

Lincoln set the slaves ***free***.

링컨은 노예를 해방하였다.

0102

leg

[leg]

☐ ☐ ☐

[명] 다리

The dog has four ***legs***.

개는 네 개의 다리를 가지고 있다.

0103

age

[eidʒ]

☐ ☐ ☐

[명] 나이; 시대

She is the same ***age*** as you.

그녀는 당신과 동갑이다.

0104

can

[kæn]

☐ ☐ ☐

[동] 할 수 있다 [명] 깡통, 캔

Tom ***can*** do his homework.

탐은 그의 숙제를 할 수 있다.

0105
end
[명] 끝, 마지막
[end]
□ □ □
Hold the ***end*** of the stick.
막대의 끝을 잡아라.

0106
run
[동] 달리다 (runner [명] 달리는 사람, 경주자)
[rʌn]
□ □ □
He can ***run*** faster than me.
그는 나보다 빨리 달릴 수 있다.

0107
talk
[동] 말하다
[tɔːk]
□ □ □
I want to ***talk*** to you.
나는 당신과 얘기하고 싶다.

0108
live
[동] 살다 [형] [laiv] 살아 있는; 생생한 ([반] dead)
[liv]
□ □ □
She ***lived*** to be ninety.
그녀는 90세까지 살았다.

0109
have
[동] 가지다; 먹다
[hæv]
□ □ □
Korea ***has*** great tradition.
한국은 훌륭한 전통을 가지고 있다.

0110
tell
[동] 말하다
[tel]
□ □ □
○ tell-told-told
He ***told*** me the news.
그가 그 소식을 내게 말해 주었다.

0111
bed
[명] 침대
[bed]
□ □ □
There is a ***bed*** in the room.
그 방 안에 침대가 하나 있다.

0112
bad
[bæd]
□ □ □

형 나쁜; (병이) 심한

The weather is **bad**.
날씨가 나쁘다.

0113
time
[taim]
□ □ □

명 시간; 시각; ~번

What **time** is it now?
지금 몇 시입니까?

0114
luck
[lʌk]
□ □ □

명 (행)운

They considered a broken mirror a sign of bad **luck**.
그들은 깨진 거울은 불운의 상징이라고 생각했다.

0115
poor
[puər]
□ □ □

형 가난한 (반 rich); 빈약한

He is in **poor** health.
그는 건강이 좋지 않다.

0116
hour
[áuər]
□ □ □

명 한 시간; 시각

There are twenty-four **hours** in a day.
하루는 24시간이다.

0117
word
[wəːrd]
□ □ □

명 말; 단어

What does this **word** mean?
이 단어는 무슨 뜻입니까?

0118
book
[buk]
□ □ □

명 책

I like to read **books**.
나는 책 읽기를 좋아한다.

0119
love

[lʌv]
☐ ☐ ☐

ⓢ 사랑하다; 좋아하다 (⒝ hate) ⓜ 사랑

A mother *loves* her baby very much.
어머니는 그녀의 아기를 매우 사랑한다.

0120
box

[baks]
☐ ☐ ☐

ⓜ 상자

He keeps his toys in a *box*.
그는 장난감을 상자에 보관한다.

Minimal ＊ Phrases

☐ **free time**	**자유** 시간
☐ **the leg of a table**	탁상**다리**
☐ **the same age**	같은 **나이**[동갑]
☐ **an empty can**	빈 **깡통**
☐ **the end of the story**	이야기의 **끝**
☐ **run 100 meters**	100미터를 **달리다**
☐ **talk too much**	**말이** 너무 많다
☐ **live in an apartment**	아파트에 **살다**
☐ **have a baby**	아기를 **가지다**[낳다]
☐ **tell a lie**	거짓말을 **하다**
☐ **sleep in bed**	**침대**에서 자다
☐ **a bad cold**	**심한** 감기
☐ **spend time**	**시간**을 소비하다
☐ **wish you luck**	너의 **행운**을 빌다
☐ **poor people**	**가난한** 사람들
☐ **half an hour**	반**시간**
☐ **a word of advice**	충고 한 **마디**
☐ **write a book**	**책**을 쓰다
☐ **love reading books**	독서를 **좋아하다**
☐ **a box of apples**	사과 한 **상자**

07일째

학습일 : ___ 월 ___ 일

내가 아는 단어는 몇 개인가요?

- ☐ doll
- ☐ pet
- ☐ hat
- ☐ like
- ☐ tie
- ☐ fry
- ☐ as
- ☐ will
- ☐ with
- ☐ lot
- ☐ toy
- ☐ cat
- ☐ cap
- ☐ city
- ☐ fly
- ☐ fat
- ☐ off
- ☐ win
- ☐ let
- ☐ out

____ 개

0121
doll [명] 인형
[dal / dɔ(:)l]
☐ ☐ ☐
My aunt gave me a cute ***doll***.
아주머니가 나에게 귀여운 인형을 주셨다.

0122
toy [명] 장난감
[tɔi]
☐ ☐ ☐
He likes to play with ***toys***.
그는 장난감을 가지고 노는 것을 좋아한다.

0123
pet [명] 애완동물
[pet]
☐ ☐ ☐
I want to keep a ***pet*** dog.
나는 애완견을 기르고 싶다.

0124
cat [명] 고양이
[kæt]
☐ ☐ ☐
The ***cat*** climbed up the tree.
고양이는 나무 위로 기어 올라갔다.

0125
hat
[hæt]
□ □ □

[명] (테가 있는) 모자

The wind blew my ***hat*** off.
바람에 모자가 날아갔다.

0126
cap
[kæp]
□ □ □

[명] (테가 없는) 모자

Tom is wearing a ***cap*** on his head.
탐은 머리에 모자를 쓰고 있다.

0127
like
[laik]
□ □ □

[동] 좋아하다 [전] ~과 같은, ~처럼

I ***like*** dogs.
나는 개를 좋아한다.

0128
city
[síti]
□ □ □

[명] 도시

My aunt lives in the ***city***.
아주머니는 그 도시에 살고 있다.

0129
tie
[tai]
□ □ □

[동] 묶다 ([반] untie) [명] 넥타이

I ***tied*** my dog to the tree.
나는 개를 나무에 묶었다.

0130
fly
[flai]
□ □ □

[동] 날다 [명] 파리

The ***fly*** buzzed around.
파리가 윙윙거리며 날아다녔다.

0131
fry
[frai]
□ □ □

[동] 기름에 튀기다 [명] 튀김

They are ***frying*** potato.
그들은 감자를 튀기고 있다.

07 일째

0132
fat

[fæt]

☐ ☐ ☐

휑 살찐 몡 지방

He is *fat* because he eats too much. 그는 너무 많이 먹어서 뚱뚱하다.

0133
as

[æz]

☐ ☐ ☐

뤙 젭 졉 ~와 같이, ~만큼(as ~ as); ~대로; ~으로서

He is *as* tall *as* me.
그는 나만큼 키가 크다.

0134
off

[ɔːf]

☐ ☐ ☐

뤙 떨어져, 떼어져

He took *off* his hat.
그는 그의 모자를 벗었다.

0135
will

[wil]

☐ ☐ ☐

됭 ~일 것이다 몡 의지

He *will* come back next week.
그는 다음 주에 돌아올 것이다.

0136
win

[win]

☐ ☐ ☐

됭 이기다; 얻다

○ win-won-won

He *won* first prize in the race.
그는 경주에서 1등상을 탔다.

0137
with

[wið / wiθ]

☐ ☐ ☐

졉 ~와 함께; ~로

I bought the book *with* the money.
나는 그 돈으로 책을 샀다.

0138
let

[let]

☐ ☐ ☐

됭 시키다; ~을 허용하다; (Let's ~) ~하자

I will *let* you know about it.
그 일에 관해서 당신에게 알려 드리겠습니다.

0139
lot
[명] 많음 (수나 양에 모두 쓰임)

[lat / lɔt]

□ □ □

He knows a ***lot*** about insects.
그는 곤충에 관해서 많은 것을 안다.

0140
out
[부] 밖에 ([반] in)

[aut]

□ □ □

Father is ***out*** now.
아버지는 지금 외출하고 안 계시다.

Minimal ✶ Phrases

□ a pretty doll	예쁜 **인형**
□ play with a toy	**장난감**을 가지고 놀다
□ a pet dog	**애완**견
□ frighten a cat away	**고양이**를 놀라게 하여 쫓다
□ wear a hat	**모자**를 쓰다
□ a baseball cap	야구**모자**
□ swim like a fish	물고기**처럼** 헤엄치다
□ a big city	큰 **도시**
□ tie shoelaces	신발끈을 **매다**
□ fly in the sky	하늘을 **날다**
□ fry a chicken in oil	통닭을 기름에 **튀기다**
□ a fat face	**통통한** 얼굴
□ as a friend	친구**로서**
□ get off a train	열차에서 **내리다**
□ a strong will	강한 **의지**
□ win the game	시합에 **이기다**
□ go with my friends	친구들과 **함께** 가다
□ let a person know	~에게 **알리다**
□ a lot of stamps	**많은** 우표
□ go out	**밖으로** 나가다

08일째

학습일 : ___ 월 ___ 일

내가 아는 단어는 몇 개인가요?

- ☐ fan
- ☐ bird
- ☐ aunt
- ☐ air
- ☐ way
- ☐ cold
- ☐ kick
- ☐ own
- ☐ may
- ☐ dear
- ☐ art
- ☐ half
- ☐ pig
- ☐ pay
- ☐ fast
- ☐ sick
- ☐ kite
- ☐ else
- ☐ tear
- ☐ club

___ 개

0141
fan [명] 부채, 선풍기; 팬 [동] 부치다
[fæn]
☐ ☐ ☐

I am a great ***fan*** of the Korean soccer team.
나는 한국 축구팀의 열렬한 팬이다.

0142
art [명] 예술; 미술
[aːrt]
☐ ☐ ☐

Art is long, life is short.
예술은 길고, 인생은 짧다.

0143
bird [명] 새
[bəːrd]
☐ ☐ ☐

A ***bird*** is flying in the sky.
새가 하늘을 날고 있다.

0144
half [명] 반; 절반
[hæf / haːf]
☐ ☐ ☐

School begins at ***half*** past eight.
수업은 8시 반에 시작된다.

0145

aunt

[ænt / ɑːnt]

□ □ □

® 아주머니[숙모, 이모, 고모] (® uncle)

My ***aunt*** is a very nice lady.
나의 숙모는 아주 친절한 분이다.

0146

pig

[pig]

□ □ □

® 돼지

Her pet is a pink little ***pig***.
그녀의 애완동물은 분홍색 아기 돼지이다.

0147

air

[εər]

□ □ □

® 공기, 대기

How fresh the ***air*** is!
공기가 참 상쾌하구나!

0148

pay

[pei]

□ □ □

® 지불하다 ® 급료

I ***paid*** two dollars for the cake.
나는 2달러를 주고 그 케이크를 샀다.

0149

way

[wei]

□ □ □

® 길; 방향; 방법

I'll go this ***way***.
저는 이쪽으로 가겠습니다.

0150

fast

[fæst / fɑːst]

□ □ □

® 빠른 (® slow) ® 빨리 (® slowly)

He is a ***fast*** runner.
그는 빨리 달린다.

0151

cold

[kould]

□ □ □

® 추운 (® hot) ® 추위 (® heat); 감기

It is very ***cold*** today.
오늘은 매우 춥다.

0152

sick

[sik]

☐ ☐ ☐

형 병든, 아픈 (반 well)

In-ho is very *sick*.
인호는 매우 아프다.

0153

kick

[kik]

☐ ☐ ☐

동 차다

She *kicked* him on the knee.
그녀는 그의 무릎을 걷어 찼다.

0154

kite

[kait]

☐ ☐ ☐

명 연

The boy was flying a *kite*.
소년은 연을 날리고 있었다.

0155

own

[oun]

☐ ☐ ☐

형 자기 자신의

This is my *own* house.
이것은 내 소유의 집이다.

0156

else

[els]

☐ ☐ ☐

부 그 외에

What *else* do you want to eat?
그 외에 또 무엇을 드시겠습니까?

0157

may

[mei]

☐ ☐ ☐

동 ~해도 좋다; ~일지도 모른다
명 (M-) 5월

You *may* go home.
너는 집에 가도 된다.

0158

tear

[tiə:r]

☐ ☐ ☐

명 눈물 동 [tɛə:r] 찢다, 찢어지다

Lace *tears* easily.
레이스는 쉽게 찢어진다.

0159
dear
[diər]
☐ ☐ ☐

웹 친애하는, 사랑스러운

Shirley is near and *dear* to me.
셜리는 내게 소중하다.

0160
club
[klʌb]
☐ ☐ ☐

웹 곤봉; 클럽, 동호회

My *club* has a meeting once a week.
우리 클럽은 1주일에 한 번 모임을 갖는다.

Minimal ✳ Phrases

☐ fan **one's face with a notebook**	노트로 얼굴을 **부치다**
☐ **a work of** art	미술품
☐ **shoot at a** bird	새를 쏘다
☐ **half a** year	**반년**
☐ **his maternal** aunt	그의 외숙모
☐ **a fat** pig	살찐 돼지
☐ **fresh** air	신선한 공기
☐ **pay in** full	전액을 지불하다
☐ **ask me the** way	길을 묻다
☐ **a fast** airplane	빠른 비행기
☐ **a cold** drink	차가운 음료
☐ **a sick** girl	아픈 소녀
☐ **kick a** ball	공을 차다
☐ **draw in a** kite	연을 감아 들이다
☐ **of one's** own	자기 소유의
☐ **ask someone** else	누군가 다른 사람에게 묻다
☐ **about the middle of** May	5월 중순에
☐ **dry one's** tears	눈물을 닦다
☐ **a dear friend of** mine	나의 친한 친구
☐ **join a** club	클럽에 입회하다

09일째

학습일 : ___ 월 ___ 일

내가 아는 단어는 몇 개인가요?

- ☐ join
- ☐ slow
- ☐ only
- ☐ help
- ☐ date
- ☐ ink
- ☐ via
- ☐ rip
- ☐ few
- ☐ buy
- ☐ map
- ☐ late
- ☐ busy
- ☐ give
- ☐ well
- ☐ tail
- ☐ fix
- ☐ ask
- ☐ gym
- ☐ ago

____ 개

0161

join [dʒɔin] ☐☐☐

[동] 참가하다; 연결하다

He ***joined*** the two points with a straight line.

그는 두 점을 직선으로 연결했다.

0162

map [mæp] ☐☐☐

[명] 지도

I can see New York on the ***map***.

뉴욕은 그 지도에 있다.

0163

slow [slou] ☐☐☐

[형] 느린, 더딘 ([반] quick, fast)

My watch is five minutes ***slow***.

내 시계는 5분 늦다.

0164

late [leit] ☐☐☐

[형] 늦은 ([반] early); 사망한 [부] 늦게

She went to bed ***late*** last night.

그녀는 어젯밤 늦게 잠을 잤다.

0165
only

® 유일한 ® 오직, 겨우

[óunli]

□ □ □

You are the *only* one that I can trust.
내가 믿을 수 있는 사람은 너 하나뿐이다.

0166
busy

® 바쁜 (® free); 통화 중인

[bízi]

□ □ □

Tom is very *busy* now.
탐은 지금 무척 바쁘다.

0167
help

® 돕다 ® 도움, 조력

[help]

□ □ □

I will *help* you.
제가 도와드리겠습니다.

0168
give

® 주다 (® receive)

[giv]

□ □ □

Can you *give* me that pencil?
그 연필을 나에게 줄 수 있겠니?

0169
date

® 날짜

[deit]

□ □ □

What's the *date* today?
오늘이 며칠입니까?

0170
well

® 잘 ® 건강한 (® ill) ® 우물

[wel]

□ □ □

He speaks English very *well*.
그는 영어를 아주 잘한다.

0171
ink

® 잉크

[iŋk]

□ □ □

He is writing with pen and *ink*.
그는 펜과 잉크로 쓰고 있다.

09일째

0172
tail
[명] (동물의) 꼬리 ([반] head)

[teil]

□ □ □

The dog is wagging its ***tail***.
개가 꼬리를 흔들고 있다.

0173
via
[전] ~을 경유하여 ([유] by way of)

[váiə / víːə]

□ □ □

He went to New York ***via*** London.
그는 런던을 거쳐 뉴욕으로 갔다.

0174
fix
[동] 고정시키다; 정하다; 고치다

[fiks]

□ □ □

The price is ***fixed*** at one dollar.
값은 1달러로 정해져 있다.

0175
rip
[동] 찢다, 찢어지다

[rip]

□ □ □

The sleeve ***ripped*** away from the shirt.
상의에서 소매가 찢어져 나갔다.

0176
ask
[동] 묻다; 부탁하다

[æsk]

□ □ □

May I ***ask*** a question?
질문을 해도 되겠습니까?

0177
few
[형] 거의 없는 ([반] many); (a~) 몇몇의

[fjuː]

□ □ □

Few people believe in ghosts.
유령을 믿는 사람은 거의 없다.

0178
gym
[명] 체육관 ([유] gymnasium)

[ʤim]

□ □ □

We can do our training in the ***gym***.
우리는 체육관에서 훈련을 할 수 있다.

0179
buy
[동] 사다 ([반] sell)

[bai]

□ □ □

● buy-bought-bought

I ***bought*** a book yesterday.
나는 어제 책 한 권을 샀다.

0180
ago
[형] [부] (지금부터) ~전에

[əgóu]

□ □ □

Ten days ***ago***, he was sick.
열흘 전에 그는 아팠다.

Minimal ✱ Phrases

- □ **join the basketball team** 농구팀에 **가입하다**
- □ **draw a map** **지도**를 그리다
- □ **a slow train** **완행**열차
- □ **be late for school** 학교에 **늦다**
- □ **eat only bread** 빵**만** 먹다
- □ **a busy day** **바쁜** 하루
- □ **help me with homework** 내 숙제를 **돕다**
- □ **give him a watch** 그에게 손목시계를 **주다**
- □ **fix the date** **날짜**를 정하다
- □ **sleep well** **잘** 자다
- □ **black ink** 검정 **잉크**
- □ **a long tail** 긴 **꼬리**
- □ **via the Panama Canal** 파나마 운하를 **거쳐**
- □ **fix a clock to the wall** 벽에 시계를 **걸다**
- □ **rip a letter open** 편지를 **찢어** 개봉하다
- □ **ask about me** 나에 관해 **묻다**
- □ **a man of few words** 말수가 **적은** 사람
- □ **a gym suit** **체육**복
- □ **buy a doll** 인형을 **사다**
- □ **fifty years ago** 50년 **전**

10일째

내가 아는 단어는 몇 개인가요?

- ☐ try
- ☐ tree
- ☐ sea
- ☐ hot
- ☐ far
- ☐ sit
- ☐ feel
- ☐ trip
- ☐ folk
- ☐ near

- ☐ fax
- ☐ set
- ☐ bar
- ☐ pie
- ☐ kid
- ☐ die
- ☐ egg
- ☐ wall
- ☐ call
- ☐ stay

_____ 개

0181

try

[trai]

☐ ☐ ☐

명 동 노력(하다); 시도(하다)

He *tried* to help me.
그는 나를 도우려고 했다.

0182

fax

[fæks]

☐ ☐ ☐

명 팩시밀리 (유 facsimile)

Please *fax* me the reply.
회답은 팩스로 보내 주시오.

0183

tree

[tri:]

☐ ☐ ☐

명 나무

Apples fell off the *tree*.
사과들이 나무에서 떨어졌다.

0184

set

[set]

☐ ☐ ☐

동 놓다; (식탁을) 차리다

Mother *set* the table for dinner.
어머니께서 저녁식사를 차렸다.

0185
sea

[si:]

□ □ □

® 바다

Sea water is salt water.
바닷물은 소금물이다.

0186
bar

[ba:*r*]

□ □ □

® 막대기; 술집, 간이식당

They sat down in the snack ***bar***.
그들은 간이음식점에 앉았다.

0187
hot

[hat]

□ □ □

® 뜨거운; 더운 (® cold)

It is ***hot*** today.
오늘은 날씨가 더워요.

0188
pie

[pai]

□ □ □

® 파이

The ***pie*** is fresh from the oven.
그 파이는 오븐에서 갓 구운 것이다.

0189
far

[fa:*r*]

□ □ □

® 멀리 ® 먼

He lives ***far*** from here.
그는 여기서 멀리 떨어져 산다.

0190
kid

[kid]

□ □ □

® 아이

I took the ***kids*** to the park.
나는 아이들을 공원에 데리고 갔다.

0191
sit

[sit]

□ □ □

® 앉다

A woman is ***sitting*** on the bench.
한 여자가 벤치에 앉아 있다.

0192

die

[dai]

□ □ □

동 죽다

Man must *die*.
인간은 반드시 죽는다.

0193

feel

[fi:l]

□ □ □

동 느끼다 명 감정, 느낌

Patients usually *feel* sad.
환자들은 대개 슬퍼한다.

0194

egg

[eg]

□ □ □

명 (새의) 알; 계란

This is a bad *egg*.
이것은 상한 계란이다.

0195

trip

[trip]

□ □ □

명 (짧은) 여행

Have a good *trip*!
즐거운 여행 되세요!

0196

wall

[wɔ:l]

□ □ □

명 벽, 담

The *wall* is high.
벽이 높다.

0197

folk

[fouk]

□ □ □

명 사람들; 가족 형 민속의

Some *folks* are sitting in a garden.
몇몇 사람들이 정원에 앉아 있다.

0198

call

[kɔ:l]

□ □ □

동 부르다; 전화하다 명 통화

He gave me a *call*.
그가 나에게 전화했다.

0199

near

[niər]
□ □ □

児 가까이 형 가까운

His house is very *near*.
그의 집은 아주 가깝다.

0200

stay

[stei]
□ □ □

동 머무르다

I would like to *stay* here.
나는 이곳에 머무르고 싶다.

Minimal Phrases

□ **try for a prize**	상을 타려고 **노력하다**
□ **send a fax**	**팩스**를 보내다
□ **a Christmas tree**	크리스마스 **트리**
□ **set a vase on the table**	탁자 위에 꽃병을 **놓다**
□ **a deep sea**	깊은 **바다**
□ **a gold bar**	**막대금**[금괴]
□ **hot coffee**	**뜨거운** 커피
□ **a generous piece of pie**	커다란 **파이** 한쪽
□ **not far from here**	여기서 **멀지** 않다
□ **a little kid**	어린 **아이**
□ **sit on a chair**	의자에 **앉다**
□ **die young**	젊어서 **죽다**
□ **feel pain**	통증을 **느끼다**
□ **boil an egg**	**계란**을 삶다
□ **a trip to Jejudo**	제주도 **여행**
□ **climb a wall**	**벽**을 오르다
□ **plain folks**	일반 **대중**[서민]
□ **call a name**	이름을 **부르다**
□ **near the school**	학교 **가까이에**
□ **stay at the office**	사무실에 **머물다**

☐ kill	☐ sun
☐ care	☐ wish
☐ leaf	☐ rain
☐ shot	☐ land
☐ stop	☐ wise
☐ door	☐ lock
☐ hear	☐ wife
☐ noon	☐ milk
☐ rose	☐ ruin
☐ rich	☐ last

_____ 개

0201
kill

[kil]

☐ ☐ ☐

동 죽이다

The cat *killed* a rat.
그 고양이가 쥐 한 마리를 죽였다.

0202
sun

[sʌn]

☐ ☐ ☐

명 (the sun으로) 해, 태양

The *sun* rises in the east and sets in the west.
해는 동쪽에서 떠서 서쪽으로 진다.

0203
care

[kɛər]

☐ ☐ ☐

명 주의; 돌봄, 보호

He is full of *care*.
그는 주의 깊은 사람이다.

0204
wish

[wiʃ]

☐ ☐ ☐

동 희망하다 명 소원

The boy has a *wish* to meet the President.
그 소년은 대통령을 만나는 것이 소원이다.

0205

leaf

[li:f]

□ □ □

똉 잎, 나뭇잎 (〈복수〉 leaves)

Leaves fall in autumn.
가을에는 낙엽이 진다.

0206

rain

[rein]

□ □ □

똉 비 똉 (it을 주어로 하여) 비가 오다

We had a lot of *rain* this year.
올해는 비가 많이 왔다.

0207

shot

[ʃat / ʃɔt]

□ □ □

똉 발포; 탄환 (윤 bullet)
똉 shoot의 과거(분사)

He was *shot* in the left arm.
그는 왼팔에 총알을 맞았다.

0208

land

[lænd]

□ □ □

똉 육지 (빤 sea); 땅

His father owns all this *land*.
그의 아버지께서는 이 땅을 모두 소유하고 계신다.

0209

stop

[stap / stɔp]

□ □ □

똉 멈추다 (빤 start) 똉 정지; 정류장

They *stopped* fighting.
그들은 싸움을 멈추었다.

0210

wise

[waiz]

□ □ □

똉 현명한, 슬기로운 (빤 foolish)

The heroine was brave and *wise*.
그 여주인공은 용감하고 현명했다.

0211

door

[dɔ:r]

□ □ □

똉 문; 출입구

Open the *door*.
문을 열어라.

0212

lock

[lak / lɔk]

□ □ □

명 자물쇠 동 잠그다

The door won't **lock**.

문의 자물쇠가 잠기지 않는다.

0213

hear

[híər]

□ □ □

동 듣다, 들리다

We **hear** with our ears.

우리는 귀로 듣는다.

0214

wife

[waif]

□ □ □

명 아내

He needs a **wife** to look after him.

그는 자신을 보살펴 줄 아내가 필요하다.

0215

noon

[nu:n]

□ □ □

명 정오, 낮 12시

I landed in Busan at **noon**.

나는 정오에 부산에 도착했다.

0216

milk

[milk]

□ □ □

명 젖, 우유

Milk is delicious when it's cold.

우유는 차가울 때 맛있다.

0217

rose

[rouz]

□ □ □

명 장미(꽃)

He gave me five **roses**.

그는 나에게 장미 다섯 송이를 주었다.

0218

ruin

[rú:in]

□ □ □

명 파멸; 폐허 (유 remains) 동 파괴하다

War brings misery and **ruin**.

전쟁은 불행과 파멸을 초래한다.

0219
rich [형] 부유한; 풍족한 ([반] poor)

[ritʃ] □ □ □

Korea is ***rich*** in seafood.
한국은 해산물이 풍부하다.

0220
last [형] 최후의; 지난 [동] 지속되다

[læst / la:st] □ □ □

I met him ***last*** Sunday.
나는 지난 일요일에 그를 만났다.

Minimal ✱ Phrases

□ kill an animal	동물을 **죽이다**
□ bathe in the sun	**일광**욕을 하다
□ the care of a baby	아기를 **돌봄**
□ a wish for peace	평화를 **바람**
□ a green leaf	푸른 **잎**
□ acid rain	산성**비**
□ fire a shot	**총**을 한 방 쏘다
□ reach land	**육지**에 닿다
□ stop the work	일을 **중단하다**
□ a wise judge	**현명한** 재판관
□ lock a door	**문**을 잠그다
□ fasten a lock	**자물쇠**를 잠그다
□ hear a voice	목소리가 **들리다**
□ a devoted wife	헌신적인 **아내**
□ eat lunch at noon	**정오**에 점심을 먹다
□ a glass of milk	**우유** 한 잔
□ a red rose	빨간 **장미**
□ the ruins of ancient Greece	고대 그리스 **유적**
□ a rich father	**부자** 아버지
□ the last day	**마지막** 날

내가 아는 단어는 몇 개인가요?

- ☐ race
- ☐ tick
- ☐ sing
- ☐ chin
- ☐ head
- ☐ room
- ☐ hair
- ☐ hit
- ☐ cow
- ☐ next
- ☐ hero
- ☐ life
- ☐ song
- ☐ back
- ☐ cool
- ☐ park
- ☐ gift
- ☐ get
- ☐ fish
- ☐ any

＿＿＿＿ 개

0221

race

[reis]

☐ ☐ ☐

명 경주, 레이스

I was last in the *race*.
나는 달리기에서 꼴찌로 들어왔다.

0222

hero

[híərou]

☐ ☐ ☐

명 영웅

Everybody needs a *hero*.
모든 사람은 영웅을 필요로 한다.

0223

tick

[tik]

☐ ☐ ☐

명 똑딱거리는 소리 동 똑딱거리다

The hours *ticked* by.
시간이 똑딱거리며 지나갔다.

0224

life

[laif]

☐ ☐ ☐

명 생활; 생명 (반 death)

His *life* was in danger.
그의 생명이 위험했다.

0225

sing

[siŋ]
□ □ □

동 노래하다; 지저귀다

The sky was high and the birds were **singing**.

하늘은 높고 새들은 노래하고 있었다.

0226

song

[sɔːŋ]
□ □ □

명 노래

What is your favorite **song**?

네가 가장 좋아하는 노래는 뭐니?

0227

chin

[tʃin]
□ □ □

명 턱

He shaved his **chin**.

그는 턱수염을 깎았다.

0228

back

[bæk]
□ □ □

부 뒤에, 뒤로; 되돌아서

Carry this stool **back** to its place.

이 걸상을 제자리에 도로 갖다 놓아라.

0229

head

[hed]
□ □ □

명 머리

He is wearing a hat on his **head**.

그는 머리에 모자를 쓰고 있다.

0230

cool

[kuːl]
□ □ □

형 시원한, 서늘한 (반 warm)

It is **cool** today.

오늘은 시원하다.

0231

room

[ruːm / rum]
□ □ □

명 방

There are five **rooms** in his house.

그의 집에는 방이 다섯 개 있다.

55

0232

park

[pa:rk]

□ □ □

® 공원

The *park* has beautiful flowers.

그 공원에는 아름다운 꽃들이 있다.

0233

hair

[hɛər]

□ □ □

® 털; 머리카락

She has golden *hair*.

그녀는 금발 머리이다.

0234

gift

[gift]

□ □ □

® 선물

This watch is a *gift* from my grandma.

이 시계는 할머니께서 주신 선물이다.

0235

hit

[hit]

□ □ □

® 치다, 때리다

A car almost *hit* him.

그는 하마터면 자동차에 치일 뻔했다.

0236

get

[get]

□ □ □

® 얻다; 사다; 도착하다

○ get-got-gotten

I *got* your letter last Friday.

지난 금요일에 네 편지를 받았어.

0237

cow

[kau]

□ □ □

® 암소

Cows provide us with milk.

소는 우리에게 우유를 제공한다.

0238

fish

[fiʃ]

□ □ □

® 물고기, 생선 (〈복수〉 fish / fishes)

Fish live in water.

물고기는 물에서 산다.

0239

next

[nekst]

□ □ □

웹 다음의; 이웃의 ⑨ 다음에

You have to get on the **next** bus.
너는 다음 버스를 타야만 한다.

0240

any

[éni]

□ □ □

웹 〈긍정문〉 어떤, 무엇이든; 〈부정문·
의문문〉 무엇이든, 누구든, 조금도, 아무도

She can buy **any** dress.
그녀는 어떤 옷이라도 살 수 있다.

Minimal ✳ Phrases

□ a boat race	보트 **경주**
□ a war hero	전쟁 **영웅**
□ a ticking clock	**똑딱거리는** 시계
□ a very happy life	매우 행복한 **생활**
□ sing a song	노래를 **부르다**
□ a sentimental song	감상적인 **노래**
□ a double chin	이중**턱**
□ come back to Korea	한국으로 **돌아**오다
□ strike on the head	**머리**를 때리다
□ cool water	**시원한** 물
□ a children's room	어린이 **방**
□ walk in a park	**공원**을 걷다
□ black hair	검은 **머리**
□ a birthday gift	생일 **선물**
□ hit a home run	홈런을 **치다**
□ get permission	허가를 **얻다**
□ a cow grazes	**소**가 풀을 뜯어먹다
□ catch a fish	**물고기**를 잡다
□ the next house	**이웃**집
□ any people	**어떤** 사람

13일째

학습일 : ___ 월 ___ 일

내가 아는 단어는 몇 개인가요?

☐ miss	☐ roll
☐ foot	☐ find
☐ know	☐ train
☐ ride	☐ sale
☐ cook	☐ turn
☐ pair	☐ idea
☐ work	☐ draw
☐ deep	☐ hard
☐ dew	☐ surf
☐ flow	☐ wet

___ 개

0241
miss [동] 놓치다; 그리워하다
[mis] ☐☐☐
I arrived too late and ***missed*** the train.
나는 너무 늦게 도착해서 기차를 놓쳤다.

0242
roll [동] 굴리다; 말다 [명] 감은 것
[roul] ☐☐☐
The children ***rolled*** the snowball down the hill.
아이들은 언덕 아래로 눈덩이를 굴렸다.

0243
foot [명] 발 (〈복수〉 feet)
[fut] ☐☐☐
There are five toes on each ***foot***.
각각의 발에는 다섯 개의 발가락이 있다.

0244
find [동] 찾아내다, 발견하다
[faind] ☐☐☐
find-found-found
I ***found*** the coin under the table.
나는 그 동전을 탁자 밑에서 찾았다.

0245

know

[nou]

☐ ☐ ☐

동 알다, 알고 있다

I don't **know** who he is.
나는 그가 누구인지 모른다.

0246

train

[trein]

☐ ☐ ☐

명 기차

They missed the **train**.
그들은 그 기차를 놓쳤다.

0247

ride

[raid]

☐ ☐ ☐

동 (탈것을) 타다

Can you **ride** a bicycle?
너는 자전거를 탈 줄 아니?

0248

sale

[seil]

☐ ☐ ☐

명 판매; 세일; 〈복수〉 매출액

That department store is having a
Christmas **sale**.
저 백화점은 크리스마스 세일을 하고 있다.

0249

cook

[kuk]

☐ ☐ ☐

동 요리하다 명 요리사 (유 chef)

Mother is **cooking** in the kitchen.
어머니께서는 부엌에서 요리를 하고 계신다.

0250

turn

[təːrn]

☐ ☐ ☐

동 돌리다; 돌다; 바뀌다

Turn right at the end of the street.
길의 끝에서 오른쪽으로 돌아라.

0251

pair

[pɛər]

☐ ☐ ☐

명 한 쌍

Mother bought me a **pair** of shoes.
어머니께서는 나에게 신발을 한 켤레 사주셨다.

0252

idea

[aidíə]

□ □ □

명 생각, 아이디어

That's a very good *idea*!
그것 정말 좋은 생각인데!

0253

work

[wəːrk]

□ □ □

동 일하다; 공부하다 명 일; 공부

They *work* very hard.
그들은 매우 열심히 일한다.

0254

draw

[drɔː]

□ □ □

동 (그림을) 그리다; 끌다 (반 push)

Children *draw* pictures with crayons.
아이들은 크레용으로 그림을 그린다.

0255

deep

[diːp]

□ □ □

형 깊은 (반 shallow)

The lake is twenty meters *deep*.
그 호수는 깊이가 20미터나 된다.

0256

hard

[haːrd]

□ □ □

부 열심히; 몹시 형 딱딱한 (반 soft)

It is raining *hard*.
비가 몹시 온다.

0257

dew

[djuː]

□ □ □

명 이슬

If the sun shines, *dew* goes away.
태양이 빛나면 이슬은 사라진다.

0258

surf

[səːrf]

□ □ □

동 파도타기를 하다; 서핑을 하다
명 밀려드는 파도

I *surfed* the Internet all day long.
나는 하루 종일 인터넷을 했다.

0259
flow
[동] (강·눈물 등이) 흐르다

[flou]
☐ ☐ ☐

Water ***flows*** from the spring.
물이 그 샘에서 흐르고 있다.

0260
wet
[형] 젖은, 축축한 ([반] dry)

[wet]
☐ ☐ ☐

The grass is ***wet***.
잔디가 젖어 있다.

Minimal ✶ Phrases

☐ miss the chance	기회를 **놓치다**
☐ roll in the bed	침대에서 **뒹굴다**
☐ step on a foot	**발**을 밟다
☐ find the book	책을 **찾다**
☐ know the fact	사실을 **알다**
☐ an express train	급행**열차**
☐ ride on a train	기차를 **타다**
☐ cars on sale	자동차 **판매**중
☐ a head cook	주방**장**
☐ turn a wheel	바퀴를 **돌리다**
☐ a pair of socks	양말 한 **켤레**
☐ a wrong idea	잘못된 **생각**
☐ work on the farm	농장에서 **일하다**
☐ draw a cart	짐마차를 **끌다**
☐ a deep pond	**깊은** 연못
☐ work hard	**열심히** 일하다
☐ leaves moist with dew	**이슬**에 젖은 잎
☐ go surfing	**파도타기 하러** 가다
☐ flow into the sea	바다로 **흐르다**
☐ wet with tears	눈물로 **젖은**

14일째

내가 아는 단어는 몇 개인가요?

☐ ice	☐ salt
☐ gun	☐ flag
☐ bell	☐ load
☐ lake	☐ tool
☐ deck	☐ pity
☐ hurt	☐ rest
☐ body	☐ pole
☐ ugly	☐ due
☐ item	☐ wild
☐ note	☐ once

_____ 개

0261
ice
[ais]
☐ ☐ ☐

® 얼음

Water changes into *ice* when it is cold.
날씨가 추울 때 물은 얼음으로 변한다.

0262
salt
[sɔːlt]
☐ ☐ ☐

® 소금

Fast food is unhealthy because it has a lot of fat and *salt*. 패스트푸드는 지방과 소금이 많이 들어 있기 때문에 건강에 좋지 않다.

0263
gun
[gʌn]
☐ ☐ ☐

® 총

He shot a bird with his *gun*.
그는 총으로 새를 쏘았다.

0264
flag
[flæg]
☐ ☐ ☐

® 기, 깃발

Every country has its own national *flag*.
모든 나라는 각각의 국기를 갖고 있다.

0265

bell

[bel]

□ □ □

몡 벨, (초인)종

The door **bell** is ringing.

문의 벨이 울리고 있다.

0266

load

[loud]

□ □ □

몡 적재 하물, 짐 (㈜ burden) 동 짐을 싣다

Put down your **load** and rest.

짐을 내려놓고 쉬어라.

0267

lake

[leik]

□ □ □

몡 호수

We saw some water birds on the **lake**.

우리는 호수에 있는 물새들을 보았다.

0268

tool

[tu:l]

□ □ □

몡 도구, 연장 (㈜ instrument)

A hoe is an agricultural **tool**.

괭이는 농기구이다.

0269

deck

[dek]

□ □ □

몡 갑판

There was an apple jar on **deck**.

갑판에는 사과 통이 하나 있었다.

0270

pity

[píti]

□ □ □

몡 불쌍히 여김, 동정
동 불쌍히 여기다, 동정하다

I have a feeling of **pity** for him.

나는 그를 측은하게 여기고 있다.

0271

hurt

[hə:rt]

□ □ □

동 다치게 하다, 아프게 하다; 아프다

He **hurt** my feelings.

그는 내 기분을 상하게 했다.

14일째

0272
rest [명] 쉼, 휴식 [동] 쉬다
[rest]
□ □ □
Let's take a ***rest*** in that room.
저 방에서 쉽시다.

0273
body [명] 몸, 육체 ([반] mind)
[bádi / bɔ́di]
□ □ □
I hid my ***body*** behind the curtain.
나는 커튼 뒤로 내 몸을 숨겼다.

0274
pole [명] 막대기; 극, 극지방
[poul]
□ □ □
The North ***Pole*** is very cold.
북극은 아주 춥다.

0275
ugly [형] 추한, 못생긴
[ʌ́gli]
□ □ □
She looks ***ugly***.
그녀는 얼굴이 못생겼다.

0276
due [형] 지급 기일이 된; 도착 예정인
[djuː]
□ □ □
The train is ***due*** in Seoul at 5:30 p.m.
기차는 오후 5시 30분에 서울에 도착할 예정이다.

0277
item [명] 항목; 물품
[áitəm / áitem]
□ □ □
I need to buy some ***items*** including housewares. 나는 가정용품을 포함해서 몇몇 물건들을 사야 한다.

0278
wild [형] 야생의; 거친
[waild]
□ □ □
Wild flowers were growing in the garden.
정원에는 야생화가 자라고 있었다.

0279

note

[nout]

□ □ □

명 짧은 쪽지, 기록 동 유의하다

I took *notes* of what she said.
나는 그녀가 한 말을 적었다.

0280

once

[wʌns]

□ □ □

부 한 번; 과거에

We've met *once*.
우리는 한 번 만난 적이 있다.

Minimal ✦ Phrases

□ cold ice	차가운 **얼음**
□ put salt into food	음식에 **소금**을 치다
□ shoot a gun	**총**을 쏘다
□ put up a flag	**깃발**을 올리다
□ ring a bell	**종**을 치다
□ a heavy load	무거운 **짐**
□ fish in a lake	**호수**에서 낚시하다
□ a multipurpose tool	만능 **공구**
□ go up on deck	**갑판** 위로 올라가다
□ out of pity	**불쌍히** 여겨
□ hurt one's arm	팔을 **다치다**
□ an hour's rest	1시간의 **휴식**
□ body and mind	**몸**과 마음
□ a curtain pole	커튼 **봉**
□ an ugly face	**못생긴** 얼굴
□ a due date	**만기일**
□ items of business	영업 **종목**
□ a wild animal	**야생동물**
□ leave a note	**쪽지**를 남기다
□ once a week	1주일에 **한 번**

내가 아는 단어는 몇 개인가요?

☐ here	☐ week
☐ wear	☐ job
☐ use	☐ film
☐ belt	☐ post
☐ why	☐ how
☐ hall	☐ line
☐ look	☐ fire
☐ zoo	☐ shoe
☐ each	☐ lose
☐ nose	☐ play

_____ 개

0281
here

[híər]
☐ ☐ ☐

(부) 여기에, 여기에서 (명) 여기

Here is a picture of our school.
여기에 우리 학교 사진이 있다.

0282
week

[wiːk]
☐ ☐ ☐

(명) 주 (일요일부터 토요일까지); 7일간

There are seven days in a *week*.
1주일은 7일이다.

0283
wear

[wɛəːr]
☐ ☐ ☐

(동) 입다; 쓰다; 신다; 끼다 (wear은 입고 있는
상태, put on은 입는 동작을 나타낸다.)

He is *wearing* a new coat.
그는 새 외투를 입고 있다.

0284
job

[ʤab]
☐ ☐ ☐

(명) 일 (유 work); 직업 (유 career)

She did a great *job*.
그녀는 굉장한 일을 해냈다.

66

0285
use
[ju:s 명 / ju:z 동]
□ □ □

명 동 이용(하다), 사용(하다)

These tools have several *uses*.
이 도구들은 여러 가지 용도에 쓰인다.

0286
film
[film]
□ □ □

명 필름; 영화

Shall we go and see a *film*?
우리 영화 보러 가지 않을래?

0287
belt
[belt]
□ □ □

명 띠, 벨트

Please fasten your seat *belt*.
안전벨트 매세요.

0288
post
[poust]
□ □ □

명 우편; 지위 동 붙이다

He works in the *post* office.
그는 우체국에서 근무한다.

0289
why
[hwai]
□ □ □

의 왜

Why is she angry?
그 여자는 왜 화가 났습니까?

0290
how
[hau]
□ □ □

의 어떻게; 얼마만큼; 어느 정도

How do you spell the word?
그 낱말은 철자를 어떻게 씁니까?

0291
hall
[hɔ:l]
□ □ □

명 홀, 강당

There are many students in the *hall*.
강당에 많은 학생들이 있다.

0292

line

[lain]

□ □ □

명 선; 줄, 열

The girls are standing in *line*.
소녀들은 일렬로 서 있다.

0293

look

[luk]

□ □ □

동 보다; ~처럼 보이다

He *looks* really young for his age.
그는 나이에 비해 정말 젊어 보인다.

0294

fire

[faiər]

□ □ □

명 불; 화재 동 해고하다 (유 dismiss)

Fire can burn everything.
불은 모든 것을 태울 수 있다.

0295

zoo

[zu:]

□ □ □

명 동물원

We went to the *zoo* last Sunday.
우리는 지난 일요일에 동물원에 갔다.

0296

shoe

[ʃu:]

□ □ □

명 (보통 shoes로) 구두, 신발

Her *shoes* are covered in dirt.
그녀의 구두는 먼지로 뒤덮여 있다.

0297

each

[i:tʃ]

□ □ □

형 각각의, 각자의 (다음에 오는 명사는 단수형)

There are windows on *each* side of a car. 차의 양쪽에는 창문들이 있다.

0298

lose

[lu:z]

□ □ □

동 잃다; 길을 잃다, 헤매다

○ lose-lost-lost

I *lost* my way in the woods.
나는 숲 속에서 길을 잃었다.

0299

nose

[nouz]

□ □ □

명 코

We smell with our **nose**.
우리는 코로 냄새를 맡는다.

0300

play

[plei]

□ □ □

동 놀다; 연주하다; (경기를) 하다
명 놀이; 경기; 연극

He **plays** the violin very well.
그는 바이올린을 매우 잘 연주한다.

Minimal Phrases

□ **from here**	**여기부터**
□ **this week**	이번 **주**
□ **wear light clothes**	가벼운[얇은] 옷을 **입다**
□ **finish a job**	**일**을 끝내다
□ **use a computer**	컴퓨터를 **사용하다**
□ **a color film**	컬러 **필름**
□ **a champion belt**	챔피언 **벨트**
□ **send by post**	**우편**으로 보내다
□ **Why not?**	**왜** 안돼?
□ **How come?**	**어찌** 된 일이야?
□ **a large hall**	큰 **홀**
□ **draw a line on the paper**	종이에 **선**을 긋다
□ **look at the picture**	그림을 **보다**
□ **light a fire**	**불**을 피우다
□ **a tiger in a zoo**	**동물원**의 호랑이
□ **new shoes**	새 **신발**
□ **each team**	**각각의** 팀
□ **lose one's purse**	지갑을 **잃다**
□ **a long nose**	긴 **코**
□ **play in the room**	방에서 **놀다**

내가 아는 단어는 몇 개인가요?

- □ year
- □ long
- □ lady
- □ what
- □ step
- □ when
- □ disk
- □ size
- □ span
- □ gain

- □ ball
- □ high
- □ read
- □ name
- □ after
- □ duck
- □ desk
- □ weak
- □ hire
- □ truth

_____ 개

0301
year

[jíə*r*]
□ □ □

명 년, 해; ~살

I visited the village three **years** ago.
나는 3년 전에 그 마을을 방문했다.

0302
ball

[bɔ:l]
□ □ □

명 볼, 공

She picked up the **ball**.
그녀는 그 공을 집어 들었다.

0303
long

[lɔːŋ / lɔŋ]
□ □ □

형 (거리·시간이) 긴, 오랜 (반 short)
부 오랫동안

It took a **long** time to finish the homework.
그 숙제를 마치는 데 오랜 시간이 걸렸다.

0304
high

[hai]
□ □ □

형 높은 (반 low)

The fence is very **high**.
그 담은 아주 높다.

0305
lady
[léidi]
□ □ □

[명] 부인; 숙녀 ([반] gentleman)

Who is that ***lady***?
저 부인은 누구입니까?

0306
read
[ri:d]
□ □ □

[동] 읽다

My brother is ***reading*** a book.
내 남동생은 책을 읽고 있다.

0307
what
[*h*wat]
□ □ □

[의] 무엇, 어떤 것

What do you want?
너는 무엇을 원하니?

0308
name
[neim]
□ □ □

[명] 이름

What is your ***name***?
당신의 이름은 무엇입니까?

0309
step
[step]
□ □ □

[명] 계단; 발걸음

I'll be a few ***steps*** behind.
나는 몇 걸음 뒤에 있겠다.

0310
after
[ǽftə*r*]
□ □ □

[전] (시간·순서가) ~의 뒤에, ~의 다음에
[접] ~한 후에 ([반] before)

Tuesday comes ***after*** Monday.
화요일은 월요일 다음에 온다.

0311
when
[*h*wen]
□ □ □

[의] 언제

When do you go to school?
언제 학교에 가니?

0312

duck

[dʌk]

☐ ☐ ☐

명 오리

The **ducks** are swimming in the pond.
오리들이 연못에서 헤엄치고 있다.

0313

disk

[disk]

☐ ☐ ☐

명 원반; 디스크

The **disks** are in the cabinet.
디스크들이 캐비닛 안에 있다.

0314

desk

[desk]

☐ ☐ ☐

명 책상

I read and write at my **desk**.
나는 내 책상에서 읽고 쓴다.

0315

size

[saiz]

☐ ☐ ☐

명 크기; 치수, 사이즈

These two caps are of the same **size**.
이 두 개의 모자는 같은 크기이다.

0316

weak

[wiːk]

☐ ☐ ☐

형 약한 (반 strong)

She is very **weak**.
그녀는 몸이 아주 약하다.

0317

span

[spæn]

☐ ☐ ☐

명 한 뼘; 짧은 거리; 기간

Man's life **span** is short.
인간의 일생은 짧다.

0318

hire

[haiər]

☐ ☐ ☐

동 고용하다 (유 employ); 빌리다
명 고용; 임차

We're trying to **hire** more people.
우린 고용할 사람을 더 찾고 있다.

0319
gain [동] 얻다; 벌다 ([유] earn) [명] 벌이; 이익

[gein]
□ □ □

He ***gained*** the championship.
그는 선수권을 획득했다.

0320
truth [명] 진실, 사실 ([반] lie)

[tru:θ]
□ □ □

I doubt the ***truth*** of the story.
그 이야기가 정말인지 아닌지 의심스럽다.

Minimal ✳ Phrases

□ **next year**	다음 **해**
□ **throw a ball**	**공**을 던지다
□ **a long night**	**긴** 밤
□ **a high price**	**고**가
□ **the first lady**	대통령 **부인**[영부인]
□ **read a newspaper**	신문을 **읽다**
□ **What is ~?**	~은 **무엇**입니까?
□ **call his name**	그의 **이름**을 부르다
□ **the first step**	첫 **걸음**
□ **after I ate dinner**	저녁을 먹은 **후에**
□ **When is ~?**	~은 **언제**입니까?
□ **a domestic duck**	집**오리**
□ **an optical disk file**	광**디스크** 파일
□ **study at a desk**	**책상**에서 공부하다
□ **the size of the window**	창문의 **크기**
□ **a weak team**	**약한** 팀
□ **a short span**	짧은 **기간**
□ **hire a clerk**	점원을 **고용하다**
□ **gain popularity**	인기를 **얻다**
□ **tell the truth**	**진실**을 말하다

☐ crab	☐ wolf
☐ sand	☐ who
☐ sell	☐ role
☐ just	☐ hope
☐ tired	☐ dirty
☐ child	☐ hide
☐ seek	☐ over
☐ sure	☐ there
☐ same	☐ some
☐ home	☐ most

_____ 개

0321

crab

명 게

[kræb]

☐ ☐ ☐

Animals like an octopus and a *crab*
do not have a backbone.
문어나 게 같은 동물들에게는 등뼈가 없다.

0322

wolf

명 이리, 늑대 (〈복수〉 wolves)

[wulf]

☐ ☐ ☐

A *wolf* appeared behind a tree.
늑대 한 마리가 나무 뒤에서 나타났다.

0323

sand

명 모래

[sænd]

☐ ☐ ☐

Children like to play with *sand*.
아이들은 모래를 가지고 놀기를 좋아한다.

0324

who

의 누구

[hu:]

☐ ☐ ☐

Who wrote this book?
누가 이 책을 썼습니까?

0325

sell

[sel]

□ □ □

图 팔다 (ᐱ buy)

They **sell** shirts and socks.
그들은 셔츠와 양말을 판다.

0326

role

[roul]

□ □ □

图 배역 (֍ part); 역할

He played an important **role** in the meeting.
그는 그 모임에서 중요한 역할을 했다.

0327

just

[dʒʌst]

□ □ □

閉 꼭, 정확히; 다만; 방금

I have **just** cleaned the floor.
나는 지금 막 마루를 청소했다.

0328

hope

[houp]

□ □ □

图 바라다, 희망하다 图 희망, 기대

I **hope** to see you again.
나는 당신을 다시 만나 뵙기를 바랍니다.

0329

tired

[taiə:rd]

□ □ □

图 피곤한, 지친; 질린

I am very **tired**.
나는 몹시 피곤하다.

0330

dirty

[də́:rti]

□ □ □

图 더러운, 불결한; 비열한 (ᐱ clean)

My feet were **dirty**.
내 발은 더러웠다.

0331

child

[tʃaild]

□ □ □

图 어린이, 아이 (〈복수〉 children)

That **child** is crying.
저 아이는 울고 있다.

0332

hide

[haid]

☐ ☐ ☐

통 감추다; 숨기다; 숨다

○ hide-hid-hidden

He **hid** his diary under the desk.
그는 그의 일기장을 책상 밑에 숨겼다.

0333

seek

[siːk]

☐ ☐ ☐

통 찾다; 추구하다

We are **seeking** a solution to the problem.
우리는 그 문제의 해결책을 찾고 있다.

0334

over

[óuvər]

☐ ☐ ☐

전 ~위에, ~을 넘는

He jumped **over** the fence.
그는 그 담을 뛰어 넘었다.

0335

sure

[ʃuər]

☐ ☐ ☐

형 틀림없는, 확실한 부 확실히; 물론

It is the **sure** way to succeed.
그것은 성공하는 확실한 방법이다.

0336

there

[ðɛər / ðəːr]

☐ ☐ ☐

부 거기에, 그곳에

I'll be **there** soon.
곧 그곳으로 가겠습니다.

0337

same

[seim]

☐ ☐ ☐

형 같은 (반 different)

She wears the **same** clothes every day.
그녀는 매일 같은 옷을 입는다.

0338

some

[sʌm]

☐ ☐ ☐

형 약간의, 몇 개의; 어떤 대 어떤 사람들

I have **some** books.
나는 몇 권의 책을 가지고 있다.

0339
home
[houm]
☐ ☐ ☐

® 가정; 집; 고향 ⊕ 집으로, 집에

There is no place like **home**.
집보다 더 좋은 곳은 없다.

0340
most
[moust]
☐ ☐ ☐

® 대부분의; (the most로) 가장 많은
⊕ 가장, 가장 많이

He has the **most** books.
그가 책을 가장 많이 가지고 있다.

Minimal ✦ Phrases

☐ **be bitten by a crab**	게에게 물리다
☐ **a wolf in sheep's clothing**	양의 탈을 쓴 **늑대**
☐ **white sand**	하얀 **모래**
☐ **Who is ~?**	~은 **누구**입니까?
☐ **sell a car**	자동차를 **팔다**
☐ **the teacher's role in society**	사회에서 교사의 **역할**
☐ **just now**	**바로** 지금
☐ **give up hope**	**희망**을 버리다
☐ **be tired of it**	그것에 **질리다**
☐ **a dirty face**	**더러운** 얼굴
☐ **a little child**	어린 **아이**
☐ **hide behind a tree**	나무 뒤에 **숨다**
☐ **seek the truth**	진리를 **탐구하다**
☐ **a bridge over the river**	강 **위에** 다리
☐ **be sure of his success**	그의 성공을 **확신하다**
☐ **near there**	**거기** 근처에
☐ **at the same price**	**같은** 가격으로
☐ **some apples**	**몇 개의** 사과
☐ **a happy home**	행복한 **가정**
☐ **most people**	**대부분의** 사람들

18일째

내가 아는 단어는 몇 개인가요?

☐ stick	☐ twin
☐ gold	☐ motto
☐ sight	☐ false
☐ roof	☐ rank
☐ rush	☐ goal
☐ spill	☐ bud
☐ root	☐ fight
☐ peck	☐ fact
☐ key	☐ mad
☐ fair	☐ row

_____ 개

0341
stick
[stik]
☐ ☐ ☐

몡 막대기; 지팡이 동 찌르다

She gave me a **stick** of candy.
그녀는 내게 막대 사탕을 주었다.

0342
twin
[twin]
☐ ☐ ☐

몡 (-s) 쌍둥이 혱 쌍둥이의

The **twins** look exactly the same.
그 쌍둥이는 정말 똑같다.

0343
gold
[gould]
☐ ☐ ☐

몡 금, 황금 (silver 몡 은)

There were several **gold** bars in the pond.
그 연못 안에는 금덩이가 여럿 있었다.

0344
motto
[mátou / mɔ́tou]
☐ ☐ ☐

몡 좌우명; 표어

"Think before you speak" is a good **motto**. "말하기 전에 생각부터 하라"는 훌륭한 좌우명이다.

0345
sight
[sait]
□ □ □

몡 시각; 시력

What a beautiful *sight* (it is)!
얼마나 아름다운 경치인가!

0346
false
[fɔːls]
□ □ □

톙 그릇된; 거짓의; 가짜의 (맨 true)

The rumor turned out to be *false*.
그 소문은 거짓으로 판명되었다.

0347
roof
[ruːf / ruf]
□ □ □

몡 지붕

Our house has a red *roof*.
우리 집은 빨간 지붕이다.

0348
rank
[ræŋk]
□ □ □

몡 계급; 열 용 줄 세우다

We sat in the front *rank*.
우리는 앞줄에 앉았다.

0349
rush
[rʌʃ]
□ □ □

용 돌진하다, 달려들다

He *rushed* at me.
그는 나에게 달려들었다.

0350
goal
[goul]
□ □ □

몡 목적, 목표; 골

Goalkeepers need to keep the ball
away from the *goal*.
골키퍼는 공이 골에 못 들어오게 해야 한다.

0351
spill
[spil]
□ □ □

용 엎지르다

Tony *spilled* the water on the floor.
토니가 물을 바닥에 쏟았다.

79

0352

bud

[bʌd]

□ □ □

몡 꽃눈; 꽃봉오리

The roses are still in *bud*.

장미꽃은 아직 봉오리 상태다.

0353

root

[ruːt / rut]

□ □ □

몡 (식물의) 뿌리; 근원

Money is the *root* of all evil.

돈은 모든 악의 근원이다.

0354

fight

[fait]

□ □ □

동 싸우다, 다투다

○ fight-fought-fought

The two boys *fought* each other.

두 소년은 서로 싸웠다.

0355

peck

[pek]

□ □ □

동 쪼다

Woodpeckers *peck* holes in trees.

딱따구리는 나무를 쪼아 구멍을 뚫는다.

0356

fact

[fækt]

□ □ □

몡 사실

It is a *fact* that everything changes.

모든 것이 변한다는 것은 사실이다.

0357

key

[kiː]

□ □ □

몡 열쇠 (lock 몡 자물쇠)

I lost the *key* yesterday.

나는 어제 열쇠를 잃어버렸다.

0358

mad

[mæd]

□ □ □

혱 미친; 열광하는 (㈜ crazy)

He is *mad* on photography.

그는 사진에 미쳐 있다.

0359
fair

[형] 공정한 ([유] just)

[fɛər]

☐ ☐ ☐

We must play a ***fair*** game.
우리는 공정한 경기를 해야 한다.

0360
row

[명] 열, 줄 ([유] line) [동] (배 등을) 젓다

[rou]

☐ ☐ ☐

The boys are standing in a ***row***.
소년들은 한 줄로 서 있다.

Minimal ✱ Phrases

- ☐ **strike with a stick** 지팡이로 때리다
- ☐ **twin brothers** 쌍둥이 형제
- ☐ **a gold watch** 금시계
- ☐ **a school motto** 교훈
- ☐ **have good sight** 시력이 좋다
- ☐ **a false coin** 가짜 동전
- ☐ **the roof of a car** 차의 지붕
- ☐ **the upper ranks of society** 상류 사회
- ☐ **rush into the room** 방으로 뛰어 들어가다
- ☐ **one's goal in life** 인생의 목표
- ☐ **spill milk** 우유를 엎지르다
- ☐ **a flower bud** 꽃눈
- ☐ **take root** 뿌리를 내리다
- ☐ **fight the enemy** 적과 싸우다
- ☐ **peck the corn** 옥수수를 쪼아 먹다
- ☐ **tell the fact** 사실을 말하다
- ☐ **lose a key** 열쇠를 잃다
- ☐ **act like a mad man** 미친 사람처럼 행동하다
- ☐ **a fair decision** 공정한 결정
- ☐ **a row of houses** 줄지어 선 집들

19일째

학습일 : ___ 월 ___ 일

내가 아는 단어는 몇 개인가요?

- ☐ bike
- ☐ site
- ☐ lazy
- ☐ mop
- ☐ star
- ☐ link
- ☐ owe
- ☐ pull
- ☐ low
- ☐ bin

- ☐ seed
- ☐ boss
- ☐ god
- ☐ pot
- ☐ soil
- ☐ bill
- ☐ bow
- ☐ sink
- ☐ kin
- ☐ pray

_____ 개

0361

bike

[baik]
☐ ☐ ☐

명 자전거 (bicycle의 줄임말)

They go to school by *bike*.
그들은 자전거를 타고 등교한다.

0362

seed

[si:d]
☐ ☐ ☐

명 씨

Plants develop from *seeds*.
식물은 씨에서 자란다.

0363

site

[sait]
☐ ☐ ☐

명 터, 대지; 사이트 (컴퓨터)

They situated a factory on a suitable *site*.
그들은 적당한 장소에 공장을 세웠다.

0364

boss

[bɔːs / bas]
☐ ☐ ☐

명 우두머리, 상사, 사장

My *boss* is a workaholic.
우리 사장님은 일벌레이다.

0365
lazy
[léizi]
□ □ □

⟨형⟩ 게으른, 꾀부리는 (⟨반⟩ diligent)

The *lazy* boys failed the examination.
그 게으른 소년들은 시험에 떨어졌다.

0366
god
[gad / gɔd]
□ □ □

⟨명⟩ 신, 하느님

Many people believe in *God*.
많은 사람들은 신을 믿는다.

0367
mop
[map / mɔp]
□ □ □

⟨명⟩ 대걸레 ⟨동⟩ 걸레질하다

He's *mopping* the floor.
그는 대걸레로 바닥을 청소하고 있다.

0368
pot
[pat / pɔt]
□ □ □

⟨명⟩ 항아리, 단지, 포트

She has a silver *pot*.
그녀는 은으로 만든 포트를 가지고 있다.

0369
star
[staːr]
□ □ □

⟨명⟩ 별

We can see many *stars* at night.
우리는 밤에 많은 별을 볼 수 있다.

0370
soil
[sɔil]
□ □ □

⟨명⟩ 흙, 땅

Plants take water from the *soil*.
식물은 땅에서 물을 얻는다.

0371
link
[liŋk]
□ □ □

⟨명⟩ 고리; 유대 ⟨동⟩ 잇다

The *link* between sisters is strong.
자매들 간의 유대가 강하다.

0372
bill
[bil]
□ □ □

명 계산서 (윤 check), 청구서; 지폐

Can I have the *bill*?
계산서 좀 주세요.

0373
owe
[ou]
□ □ □

동 빚지고 있다

I *owe* you an apology.
당신에게 사과할 일이 있습니다.

0374
bow
[bau]
□ □ □

동 절하다, 머리를 숙이다

They *bowed* to the king.
그들은 왕에게 절을 하였다.

0375
pull
[pul]
□ □ □

동 잡아당기다, 끌다 (반 push)

He *pulled* my hair.
그는 나의 머리를 잡아당겼다.

0376
sink
[siŋk]
□ □ □

동 가라앉다; (해·달이) 지다

The sun was *sinking* in the west.
해가 서쪽으로 지고 있었다.

0377
low
[lou]
□ □ □

형 낮은 (반 high); (값이) 싼

I bought this fountain pen at a *low* price.
나는 이 만년필을 싼 값에 샀다.

0378
kin
[kin]
□ □ □

명 친척 (윤 relatives) 형 동족인

He is *kin* to me.
그는 내 친척이다.

0379

bin

영 큰 상자; 저장소

[bin]

□ □ □

The clerk is putting fruit in *bins*.
점원이 과일을 상자에 담고 있다.

0380

pray

동 빌다; 간청하다

[prei]

□ □ □

They *prayed* for rain.
그들은 비를 내려달라고 빌었다.

Minimal ✻ Phrases

□ ride a bike	**자전거**를 타다
□ grain seeds	곡물의 **종자**
□ the site for a new school	신설 학교의 **대지**
□ the boss of a company	회사의 **우두머리**
□ a lazy man	**게으른** 사람
□ believe in God	**신**을 믿다
□ mop up spilt water	엎지른 물을 **닦다**
□ juice in a pot	**포트** 속의 주스
□ a bright star	밝은 **별**
□ rich soil	기름진 **땅**
□ heavy links	무거운 사슬 **고리**
□ a grocery bill	식료품점의 **계산서**
□ owe a duty	의무를 **지다**
□ bow to my teacher	선생님께 **머리를 숙이다**
□ pull a dog's tail	개의 꼬리를 **잡아당기다**
□ sink under water	물에 **잠기다**
□ a low voice	**낮은** 목소리
□ next of kin	가장 가까운 **친척**
□ a bread bin	빵 **저장통**
□ pray for pardon	용서를 **빌다**

20일째

학습일 : ___ 월 ___ 일

내가 아는 단어는 몇 개인가요?

- ☐ tale
- ☐ rate
- ☐ pat
- ☐ face
- ☐ form
- ☐ rent
- ☐ dive
- ☐ diet
- ☐ ax
- ☐ bowl
- ☐ oar
- ☐ calm
- ☐ file
- ☐ pain
- ☐ slip
- ☐ fairy
- ☐ hold
- ☐ bake
- ☐ iron
- ☐ ring

_____ 개

0381
tale [teil] ☐ ☐ ☐

[명] 이야기 ([유] story)

There is an air of romance about his *tale*.
그의 이야기에는 로맨틱한 분위기가 있다.

0382
oar [ɔːr] ☐ ☐ ☐

[명] [동] 노(를 젓다)

He pulled the *oars* hard.
그는 노를 힘껏 저었다.

0383
rate [reit] ☐ ☐ ☐

[명] 비율; 요금; 속도

The *rate* is 50 dollars a day.
요금은 하루에 50달러이다.

0384
calm [kaːm] ☐ ☐ ☐

[명] 정적 [형] 조용한 ([유] silent)

After the storm comes a *calm*.
폭풍우가 지나면 고요함이 온다.

0385
pat [동] 가볍게 두드리다, 쓰다듬다
[pæt]
□ □ □
I *patted* the kitten.
나는 새끼 고양이를 쓰다듬었다.

0386
file [명] 서류철 [동] 철하다
[fail]
□ □ □
I need those *files* by tomorrow morning.
그 서류철이 내일 아침까지 필요하다.

0387
face [명] 얼굴; 표면, 겉
[feis]
□ □ □
He is washing his *face*.
그는 얼굴을 씻고 있다.

0388
pain [명] 아픔, 고통
[pein]
□ □ □
I feel *pain* in my hand.
손이 아프다.

0389
form [명] 형, 종류 ([유] kind); 형식; 서류양식
[fɔːrm]
□ □ □
Fill in this *form*.
이 서류를 작성하라.

0390
slip [동] 미끄러지다
[slip]
□ □ □
He *slipped* on a banana skin.
그는 바나나 껍질을 밟아서 미끄러졌다.

0391
rent [명] 집세 [동] 임대하다
[rent]
□ □ □
She pays her *rent* every week.
그녀는 매주 임대료를 지불한다.

0392

fairy

[fé(ə)ri]

□ □ □

명 요정 형 요정의; 상상의 (유 imaginary)

Do you believe *fairies* exist?

당신은 요정이 존재한다고 믿으세요?

0393

dive

[daiv]

□ □ □

동 뛰어들다 명 다이빙

The woman is watching the boy *dive*.

여자가 소년이 다이빙하는 것을 보고 있다.

0394

hold

[hould]

□ □ □

동 (손에) 들다, 잡다 (유 grasp, grip);
(모임을) 열다; 유지하다

He is *holding* a bat in his right hand.

그는 오른손에 배트를 들고 있다.

0395

diet

[dáiət]

□ □ □

명 식사; 규정식

It is important to have a balanced
diet.

균형 잡힌 식사를 하는 것이 중요하다.

0396

bake

[beik]

□ □ □

동 (오븐으로) 굽다 (baker 명 빵 굽는 사람,
bakery 명 제과점)

He is *baking* bread in the oven.

그는 오븐에 빵을 굽고 있다.

0397

ax

[æks]

□ □ □

명 도끼

He cut down a tree with an *ax*.

그는 도끼로 나무 한 그루를 베었다.

0398

iron

[áiərn]

□ □ □

명 철; 다리미

Strike while the *iron* is hot.

쇠는 달구어졌을 때 두드려라.

0399
bowl [명] 사발, 그릇
[boul]
□ □ □
First, a ***bowl*** of vegetable soup was served.
먼저 야채 수프가 나왔다.

0400
ring [동] (벨 등이) 울리다
[riŋ]
□ □ □
The bell is ***ringing***.
벨이 울리고 있다.

Minimal ✶ Phrases

□ a fairy tale	동**화**
□ oar a boat	배를 **젓다**
□ the birth rate	출산**율**
□ the calm before the storm	폭풍우 전의 **고요**
□ pat a dog	개를 **쓰다듬다**
□ a file of the Times	더 타임스 **철**
□ a broad face	넓적한 **얼굴**
□ cry with pain	**통증**으로 소리치다
□ a literary form	문학 **형식**
□ slip along over the snow	눈 위를 **미끄러져 가다**
□ a low rent	싼 **집세**
□ a wicked fairy	심술궂은 **요정**
□ dive into a river	강물에 **뛰어들다**
□ hold an arm	팔을 **잡다**
□ a vegetable diet	채**식**
□ bake pottery	도자기를 **굽다**
□ lift a heavy ax	무거운 **도끼**를 들어 올리다
□ an electric iron	전기**다리미**
□ a bowl of rice	밥 한 **공기**
□ ring a bell	벨을 **울리다**

21일째

학습일 : ___ 월 ___ 일

내가 아는 단어는 몇 개인가요?

- ☐ total
- ☐ mark
- ☐ cloth
- ☐ harm
- ☐ twist
- ☐ while
- ☐ pilot
- ☐ earth
- ☐ finger
- ☐ greet
- ☐ gate
- ☐ print
- ☐ thick
- ☐ silver
- ☐ slice
- ☐ soap
- ☐ spray
- ☐ sharp
- ☐ clock
- ☐ melt

_____ 개

0401
total
[tóutl]
☐ ☐ ☐

[형] 전체의 ([유] whole); 합계의

The ***total*** number of students in this class is forty.
이 학급의 전체 학생 수는 40명이다.

0402
gate
[geit]
☐ ☐ ☐

[명] 문

A man is standing by the ***gate***.
한 사람이 문 옆에 서 있다.

0403
mark
[maːrk]
☐ ☐ ☐

[명] 표, 기호; 점수; 표시
[동] 채점하다; 표시하다

There is a red ***mark*** where you hit your head.
네가 머리 부딪친 곳에 붉은 자국이 있다.

0404
print
[print]
☐ ☐ ☐

[명] [동] 인쇄(하다)

This book is clearly ***printed***.
이 책은 선명하게 인쇄되어 있다.

0405
cloth

[klɔ(ː)θ]

□ □ □

명 천, 직물

Mother bought a yard of *cloth*.
어머니는 1야드의 천을 샀다.

0406
thick

[θik]

□ □ □

형 두꺼운 (반 thin); 진한

The dictionary is very *thick*.
그 사전은 매우 두껍다.

0407
harm

[haːrm]

□ □ □

명 (손)해 동 해치다

Television can do students *harm*.
텔레비전은 학생들에게 해를 끼칠 수도 있다.

0408
silver

[sílvəːr]

□ □ □

명 은 형 은(색)의 (gold 명 금)

Silver is used for forks, dishes and
other things.
은은 포크, 접시나 그 밖의 것에 쓰인다.

0409
twist

[twist]

□ □ □

동 꼬다, 비틀어 돌리다

The river *twists* through the field.
강은 들판을 굽이쳐 흐르고 있다.

0410
slice

[slais]

□ □ □

명 얇게 썬 조각 동 얇게 썰다

I ate a *slice* of toast for lunch.
나는 점심에 토스트 한 조각을 먹었다.

0411
while

[hwail]

□ □ □

접 ~하는 동안

They arrived *while* we were having
dinner.
우리가 저녁을 먹고 있는 동안 그들이 도착했다.

21일째

0412
soap [명] 비누
[soup]
□ □ □
Wash your hands with ***soap***.
비누로 손을 씻어라.

0413
pilot [명] 조종사, 파일럿
[páilət]
□ □ □
I want to be a ***pilot***.
나는 조종사가 되고 싶다.

0414
spray [명] 물보라, 스프레이 [동] 뿌리다
[sprei]
□ □ □
She ***sprayed*** yellow paint on the fence.
그녀는 노란색 페인트를 담에 뿌렸다.

0415
earth [명] 지구; 땅
[əːrθ]
□ □ □
The ***earth*** moves round the sun.
지구는 태양 둘레를 돈다.

0416
sharp [형] 날카로운; 격렬한 [부] 정각에
[ʃaːrp]
□ □ □
This knife is ***sharp***.
이 칼은 날카롭다.

0417
finger [명] 손가락
[fíŋgər]
□ □ □
Mary wears a ring on her ***finger***.
메리는 손가락에 반지를 끼고 있다.

0418
clock [명] (괘종)시계
[klak / klɔk]
□ □ □
There is a ***clock*** on the wall.
벽에 시계가 하나 있다.

0419
greet [동] 인사하다, 환영하다
[gri:t]
□ □ □

They ***greeted*** me with a smile.
그들은 웃으며 나를 환영했다.

0420
melt [동] 녹다
[melt]
□ □ □

Ice ***melts*** into water.
얼음은 녹아서 물이 된다.

Minimal ✳ Phrases

□ the sum total	총액
□ open a gate	문을 열다
□ a question mark	물음표
□ print posters	포스터를 인쇄하다
□ clean cloth	깨끗한 천
□ a thick line	굵은 선
□ bodily harm	육체적 위해
□ exchange gold for silver	금과 은을 교환하다
□ twist a thread	실을 꼬다
□ slice an apple	사과를 얇게 썰다
□ while he was staying	그가 머무르는 동안
□ liquid soap	액체 비누
□ an old pilot	나이든 조종사
□ put spray on one's hair	머리에 스프레이를 뿌리다
□ live on the earth	지구에 살다
□ sharp eyes	예리한 눈
□ long fingers	긴 손가락
□ an alarm clock	자명종 시계
□ greet a person with a handshake	악수로 사람을 맞이하다
□ melt iron	철을 녹이다

22일째

학습일 : ___ 월 ___ 일

내가 아는 단어는 몇 개인가요?

- ☐ either
- ☐ knife
- ☐ hare
- ☐ wood
- ☐ onto
- ☐ flour
- ☐ pass
- ☐ come
- ☐ lean
- ☐ baby
- ☐ steel
- ☐ crow
- ☐ road
- ☐ brick
- ☐ fold
- ☐ heat
- ☐ lend
- ☐ copy
- ☐ smell
- ☐ class

_____ 개

0421
either
[í:ðər / áiðər]
☐ ☐ ☐

[접] (either A or B 로) A 또는 B
[부] 〈부정문〉 역시

Can you speak ***either*** English or French?
너는 영어나 프랑스어를 할 줄 아니?

0422
steel
[sti:l]
☐ ☐ ☐

[명] 강철

This factory produces ***steel***.
이 공장은 강철을 생산한다.

0423
knife
[naif]
☐ ☐ ☐

[명] 칼

We cut the cake with a ***knife***.
우리는 칼로 케이크를 잘랐다.

0424
crow
[krou]
☐ ☐ ☐

[명] 까마귀

The ***crow*** is an intelligent bird.
까마귀는 똑똑한 새이다.

0425
hare

[hɛər]

□ □ □

® 산토끼

Many **hares** turn white in winter.
많은 산토끼들이 겨울에는 하얗게 변한다.

0426
road

[roud]

□ □ □

® 길, 도로

There are many cars on the **road**.
도로에는 많은 차가 있다.

0427
wood

[wud]

□ □ □

® 나무, 목재; 숲 (㈜ forest)

The box is made of **wood**.
그 상자는 나무로 만들어졌다.

0428
brick

[brik]

□ □ □

® 벽돌

Some walls are made of **bricks**.
어떤 벽은 벽돌로 되어 있다.

0429
onto

[ántu:]

□ □ □

® ~위에, 위로

A dog has jumped up **onto** the stage.
개가 무대 위로 뛰어올랐다.

0430
fold

[fould]

□ □ □

® 접다, 접어 겹치다; (팔짱을) 끼다

I **folded** the paper in two.
나는 그 종이를 둘로 접었다.

0431
flour

[flauər]

□ □ □

® 밀가루

Flour is as white as snow.
밀가루는 눈처럼 하얗다.

0432

heat

[hi:t]

□ □ □

명 열, 더위 (반 cold)

The sun gives us light and **heat**.

태양은 우리에게 빛과 열을 준다.

0433

pass

[pæs / paːs]

□ □ □

동 지나가다; 건네주다; 합격하다

I have to **pass** this way to go to school.

나는 학교에 가기 위해 이 길을 지나가야 한다.

0434

lend

[lend]

□ □ □

동 빌려 주다 (반 borrow 빌리다)

Can you **lend** me your pen?

네 펜 좀 빌려 주겠니?

0435

come

[kʌm]

□ □ □

동 오다 (반 go); (~의 상태에) 이르다

He will **come** tomorrow.

그는 내일 올 것이다.

0436

copy

[kápi / kɔ́pi]

□ □ □

동 베끼다, 복사하다

He **copied** the book from beginning to end.

그는 그 책을 처음부터 끝까지 베꼈다.

0437

lean

[liːn]

□ □ □

동 기대다 (on, against); 의지하다, 기울다

We **lean** on our parents when we are children. 우리는 어릴 때 부모님께 의지한다.

0438

smell

[smel]

□ □ □

동 냄새가 나다; 냄새를 맡다

We **smell** with our noses.

우리들은 코로 냄새를 맡는다.

0439

baby

[béibi]

□ □ □

명 아기

A **baby** cried until its mother came back.
한 아기가 엄마가 올 때까지 울었다.

0440

class

[klæs / klɑːs]

□ □ □

명 학급; 수업

Tom and I study in the same **class**.
탐과 나는 같은 반에서 공부한다.

Minimal Phrases

□ either you or me	너나 나나 **둘 중 하나**
□ a steel helmet	**철**모
□ cut one's finger with a knife	**칼**로 손가락을 베다
□ a flock of crows	**까마귀** 떼
□ go on a hare hunt	**토끼** 사냥가다
□ cars on the road	**도로** 위의 차
□ cut wood	**나무**를 자르다
□ a wall of bricks	**벽돌** 벽
□ get onto a horse	말에 **올라**타다
□ fold arms	팔짱을 **끼다**
□ make flour into bread	**밀가루**를 빵으로 만들다
□ the heat of the sun	태양**열**
□ pass the examination	시험에 **합격하다**
□ lend him some money	그에게 약간의 돈을 **빌려 주다**
□ come to see me	나를 만나러 **오다**
□ copy the article	기사를 **복사하다**
□ lean against a wall	벽에 **기대다**
□ smell sweet	달콤한 **냄새가 나다**
□ take care of a baby	**아기**를 돌보다
□ a math class	수학 **수업**

23일째

학습일 : ___ 월 ___ 일

내가 아는 단어는 몇 개인가요?

- ☐ sister
- ☐ save
- ☐ think
- ☐ spell
- ☐ much
- ☐ able
- ☐ seem
- ☐ clerk
- ☐ mind
- ☐ math
- ☐ friend
- ☐ thing
- ☐ thank
- ☐ many
- ☐ small
- ☐ such
- ☐ path
- ☐ thief
- ☐ even
- ☐ really

____ 개

0441

sister [명] 여자 형제, 언니, 여동생

[sístəːr]

☐ ☐ ☐

She is no less clever than her ***sister***.

그녀는 동생 못지않게 영리하다.

0442

friend [명] 벗, 친구 ([유] buddy [반] enemy)

[frend]

☐ ☐ ☐

You are my best ***friend***.

너는 나의 가장 좋은 친구이다.

0443

save [동] 구하다; 저축하다; 절약하다

[seiv]

☐ ☐ ☐

He ***saved*** some money for his trip.

그는 여행을 위해 얼마간의 돈을 저축했다.

0444

thing [명] 물건, 것

[θiŋ]

☐ ☐ ☐

What are those ***things*** on the table?

탁자 위에 있는 저 물건들은 무엇이냐?

0445
think

[θiŋk]

☐ ☐ ☐

동 생각하다

Do you **think** it will rain?

비가 올 거라고 생각하니?

0446
thank

[θæŋk]

☐ ☐ ☐

동 감사하다

Thank you very much for your kind invitation.

초대해 주셔서 대단히 감사합니다.

0447
spell

[spel]

☐ ☐ ☐

동 (낱말을) 철자하다, ~의 철자를 쓰다

How do you **spell** this word?

이 낱말은 어떻게 철자합니까?

0448
many

[méni]

☐ ☐ ☐

형 (수가) 많은 (반 few)
대 다수의 사람, 많은 물건

He has **many** books.

그는 많은 책을 가지고 있다.

0449
much

[mʌtʃ]

☐ ☐ ☐

형 (양이) 많은 (반 little)
부 많이, 대단히, 매우 명 다량

There is not **much** wine in the bottle.

병에 포도주가 많지 않다.

0450
small

[smɔːl]

☐ ☐ ☐

형 작은 (반 large, big, great)

This cap is **small**.

이 모자는 작다.

0451
able

[eibl]

☐ ☐ ☐

형 ~할 수 있는; 유능한

He is **able** to lift the rock.

그는 바위를 들 수 있다.

99

0452

such

[sʌtʃ]

□ □ □

행 그와 같은, 그런

Don't say **such** a bad word.
그와 같은 나쁜 말은 하지 마라.

0453

seem

[siːm]

□ □ □

동 ~인 것 같다, ~처럼 보이다

He **seems** young.
그는 젊어 보인다.

0454

path

[pæθ / paːθ]

□ □ □

명 작은 길; 통로

I walked up the **path** through the woods.
나는 숲 속의 오솔길을 걸어 올라갔다.

0455

clerk

[kləːrk]

□ □ □

명 사무원; 점원

My sister is a **clerk**.
나의 누이는 사무원이다.

0456

thief

[θiːf]

□ □ □

명 도둑

The **thief** broke into his house last night.
어젯밤 그의 집에 도둑이 들었다.

0457

mind

[maind]

□ □ □

명 마음, 정신 (반 body)

Tell me what you have in **mind**.
마음에 두고 있는 것을 말해 보아라.

0458

even

[íːvən]

□ □ □

부 ~조차, ~마저

Even a child can do it.
어린아이조차도 그것을 할 수 있다.

0459
math [명] 수학 (mathematics의 줄임말)
[mæθ]
□ □ □
English is easier than ***math***.
영어는 수학보다 쉽다.

0460
really [부] 참으로, 정말로
[ríːəli / ríəli]
□ □ □
I ***really*** want to buy this book.
나는 정말로 이 책을 사고 싶다.

Minimal ★ Phrases

- □ **a big[elder] sister** — **언니**
- □ **a friend of mine** — 나의 **친구**
- □ **save her life** — 그녀의 목숨을 **구하다**
- □ **buy many things** — 많은 **것**을 사다
- □ **think carefully** — 신중히 **생각하다**
- □ **thank him for his help** — 그의 도움에 **감사하다**
- □ **spell his name** — 그의 이름의 **철자를 쓰다**
- □ **many friends** — **많은** 친구들
- □ **know much about her** — 그녀에 대해서 **많이** 알다
- □ **a small animal** — **작은** 동물
- □ **an able teacher** — **유능한** 교사
- □ **such a thing** — **그와 같은** 것
- □ **seem happy** — 행복해 **보이다**
- □ **a bicycle path** — 자전거 **도로**
- □ **a young clerk** — 젊은 **사무원**
- □ **a cow thief** — 소**도둑**
- □ **change one's mind** — **마음**을 바꾸다
- □ **cool even in August** — 8월**인데도** 시원하다
- □ **a math problem** — **수학** 문제
- □ **a really charming person** — **정말** 매력적인 사람

24일째

내가 아는 단어는 몇 개인가요?

- [ ] today
- [ ] plan
- [ ] want
- [ ] quite
- [ ] fruit
- [ ] farm
- [ ] early
- [ ] plant
- [ ] swim
- [ ] make

- [ ] open
- [ ] then
- [ ] quiet
- [ ] great
- [ ] grow
- [ ] field
- [ ] sweet
- [ ] uncle
- [ ] take
- [ ] move

_____ 개

0461

today

[tədéi / tudéi]

☐ ☐ ☐

명 오늘 부 오늘은; 오늘날에는

We have no school **today**.
오늘은 수업이 없다.

0462

open

[óupən]

☐ ☐ ☐

동 열다 (반 close); (책 등을) 펴다
형 열린, 개방된

Open your book to page 20.
책 20 페이지를 펴시오.

0463

plan

[plæn]

☐ ☐ ☐

동 계획하다, ~할 작정이다 명 계획

At breakfast I **planned** my day.
아침을 먹으며 나는 하루를 계획했다.

0464

then

[ðen]

☐ ☐ ☐

부 그때, 그러면, 그리고 나서

We lived in the country **then**.
우리는 그때 시골에 살았다.

0465
want [동] 원하다; (want to로) ~하고 싶다
[wɔ(:)nt / want]
□ □ □
I ***want*** to see you.
나는 네가 보고 싶다.

0466
quiet [형] 조용한 ([반] noisy)
[kwáiət]
□ □ □
The night was dark and ***quiet***.
그날 밤은 어둡고 조용했다.

0467
quite [부] 아주, 꽤
[kwait]
□ □ □
He was ***quite*** young.
그는 꽤 젊었다.

0468
great [형] 큰; 굉장한; 위대한
[greit]
□ □ □
It's a ***great*** party.
굉장한 파티다.

0469
fruit [명] 과일, 열매
[fruːt]
□ □ □
What ***fruit*** do you like best?
무슨 과일을 제일 좋아하니?

0470
grow [동] 성장하다; ~으로 되다; 재배하다
[grou]
□ □ □
He ***grows*** many plants.
그는 많은 식물들을 재배한다.

0471
farm [명] 농장
[faːrm]
□ □ □
A farmer works on the ***farm***.
농부는 농장에서 일한다.

24일째

0472
field
[명] 벌판, 들; 밭
[fi:ld]
□ □ □
Cows are eating grass in the ***field***.
소들이 들에서 풀을 먹고 있다.

0473
early
[형] (시간적으로) 이른, 초기의 ([반] late)
[부] 일찍
[ə́:rli]
□ □ □
Tom goes to school ***early*** in the morning. 탐은 아침 일찍 학교에 간다.

0474
sweet
[형] 단, 달콤한; 향기가 좋은
[swi:t]
□ □ □
She likes ***sweet*** tea.
그녀는 달콤한 차를 좋아한다.

0475
plant
[명] 식물 ([반] animal)
[plænt / pla:nt]
□ □ □
There are many wild ***plants*** in the field.
들에는 많은 야생 식물이 있다.

0476
uncle
[명] 삼촌, 아저씨
[ʌ́ŋkəl]
□ □ □
His ***uncle*** is a teacher.
그의 삼촌은 선생님이다.

0477
swim
[동] 헤엄치다, 수영하다
[swim]
□ □ □
I can ***swim*** to the other side of the river.
나는 강 건너까지 헤엄칠 수 있다.

0478
take
[동] 데려가다, 가져가다; 타다
[teik]
□ □ □
We ***took*** the children to the zoo.
우리는 아이들을 동물원에 데려갔다.

0479
make [동] 만들다; ~하게 하다
[meik]
☐ ☐ ☐
The children are ***making*** a snowman.
아이들은 눈사람을 만들고 있다.

0480
move [동] 움직이다; 옮기다; 이사하다
[mu:v]
☐ ☐ ☐
He ***moved*** to an apartment.
그는 아파트로 이사했다.

Minimal ✱ Phrases

☐ today's newspaper	**오늘** 신문
☐ open the door	문을 **열다**
☐ plan a party	파티를 **계획하다**
☐ since then	**그** 이후
☐ want a digital camera	디지털 카메라를 **원하다**
☐ quiet suburbs	**조용한** 교외
☐ quite dark	**아주** 어둡다
☐ a great animal	**큰** 동물
☐ fresh fruit	신선한 **과일**
☐ grow very quickly	매우 빨리 **자라다**
☐ a fruit farm	과수**원**
☐ play in the green field	풀**밭**에서 놀다
☐ get up early	**일찍** 일어나다
☐ a sweet cake	**단** 케이크
☐ a water plant	수생 **식물**
☐ my uncle Jim	우리 짐 **삼촌**
☐ swim in the sea	바다에서 **헤엄치다**
☐ take a taxi	택시를 **타다**
☐ make a dress	드레스를 **만들다**
☐ move the table	탁자를 **옮기다**

25일째

내가 아는 단어는 몇 개인가요?

- ☐ later
- ☐ crop
- ☐ wind
- ☐ junk
- ☐ taste
- ☐ smart
- ☐ web
- ☐ show
- ☐ quiz
- ☐ pool

- ☐ drug
- ☐ nor
- ☐ wave
- ☐ label
- ☐ noisy
- ☐ exam
- ☐ hate
- ☐ pants
- ☐ hand
- ☐ pear

____ 개

0481

later

[léitər]

☐ ☐ ☐

⊕ 뒤에, 나중에

The accident took place a few minutes *later*.

그 사고는 몇 분 후에 일어났다.

0482

drug

[drʌg]

☐ ☐ ☐

⊕ 약; 마약

The *drug* operated well.

그 약은 효험이 있었다.

0483

crop

[krap / krɔp]

☐ ☐ ☐

⊕ 농작물; 수확

The rice *crop* is already in.

벼의 추수가 벌써 끝났다.

0484

nor

[nɔːr]

☐ ☐ ☐

⊕ (neither A nor B) A도 B도 아니다

It is neither too cold *nor* too hot.

너무 춥지도 너무 덥지도 않다.

0485
wind

[wind]

□ □ □

몡 바람

The *wind* was blowing.
바람이 불고 있었다.

0486
wave

[weiv]

□ □ □

몡 물결, 파도 동 손짓하다

The *waves* are very high today.
오늘은 파도가 높다.

0487
junk

[dʒʌŋk]

□ □ □

몡 폐품, 쓰레기

The floor was piled high with *junk*.
마루에는 잡동사니가 산더미처럼 쌓여 있었다.

0488
label

[léibəl]

□ □ □

몡 동 라벨(을 붙이다)

The washing instructions are on the
label. 세탁방법은 라벨에 있다.

0489
taste

[teist]

□ □ □

동 맛이 나다, 맛을 보다

It *tastes* sweet.
그것은 달콤한 맛이 난다.

0490
noisy

[nɔ́izi]

□ □ □

혱 시끄러운, 떠들썩한 (뫤 quiet)

The road is very *noisy* with traffic.
거리는 자동차들 때문에 무척 시끄럽다.

0491
smart

[smaːrt]

□ □ □

혱 재치 있는, 똑똑한

The policeman looks very *smart*.
그 경찰은 매우 재치 있어 보인다.

0492

exam
[igzǽm]
☐ ☐ ☐

명 시험 (examination의 줄임말)

I studied for an *exam*.
시험에 대비하여 공부를 했다.

0493

web
[web]
☐ ☐ ☐

명 거미집; ~망

The spider is spinning a *web*.
거미가 거미줄을 잣고 있다.

0494

hate
[heit]
☐ ☐ ☐

동 미워하다, 싫어하다 (반 like, love) 명 미움

They *hate* each other.
그들은 서로 미워한다.

0495

show
[ʃou]
☐ ☐ ☐

동 보여 주다; 안내하다 명 보임, 전시회

Will you *show* me the way to the station?
역으로 가는 길을 알려 주시겠습니까?

0496

pants
[pænts]
☐ ☐ ☐

명 〈미〉 바지 (〈영〉 trousers)

I always wear *pants* and a shirt.
나는 항상 바지와 셔츠를 입는다.

0497

quiz
[kwiz]
☐ ☐ ☐

명 간단한 시험

He listened to a *quiz* program on the radio.
그는 라디오 퀴즈 프로그램을 들었다.

0498

hand
[hænd]
☐ ☐ ☐

명 손

We have two *hands*.
우리는 손이 둘 있다.

0499

pool

[puːl]

□ □ □

명 수영장; 웅덩이

He is swimming in an outdoor *pool*.
그는 실외 수영장에서 수영하고 있다.

0500

pear

[pɛər]

□ □ □

명 배 (과일)

These *pears* are very sweet.
이 배들은 정말 달다.

Minimal ✳ Phrases

□ a few minutes later	몇 분 **후에**
□ a pain-killing drug	**진통제**
□ gather a crop	**농작물**을 수확하다
□ neither read nor write	읽지**도** 쓰지도 못하다
□ a cold wind	찬**바람**
□ wave a flag	깃발을 **흔들다**
□ a junk car	**고물**차
□ label a bottle	병에 **라벨을 붙이다**
□ taste sour	**신맛이 나다**
□ a noisy classroom	**시끄러운** 교실
□ a smart student	**영리한** 학생
□ an English exam	영어 **시험**
□ a spider's web	**거미줄**
□ love and hate	사랑과 **증오**
□ show the picture	그림을 **보여주다**
□ a pair of pants	**바지** 한 벌
□ take a quiz	**시험**을 치다
□ make by hand	**손**으로 만들다
□ swim in the pool	**풀장**에서 수영하다
□ a juicy pear	즙이 많은 **배**

Essential Stage

중학생이면 누구나 꼭 알아야 할 단어이므로 이것만 모두 암기하면
영어에 대한 두려움이 사라질 것입니다.

- ☐ start
- ☐ table
- ☐ into
- ☐ meet
- ☐ where
- ☐ store
- ☐ evening
- ☐ afternoon
- ☐ dinner
- ☐ break

- ☐ night
- ☐ must
- ☐ king
- ☐ brother
- ☐ about
- ☐ wash
- ☐ morning
- ☐ lunch
- ☐ than
- ☐ money

_____ 개

0501

start

[staːrt]

☐ ☐ ☐

동 출발하다 (반 arrive)

She *started* for Seoul this morning.
그녀는 오늘 아침 서울을 향해 출발했다.

0502

night

[nait]

☐ ☐ ☐

명 저녁, 밤 (해질녘부터 동이 틀 때까지)
(반 day)

The moon shines at *night*.
달은 밤에 빛난다.

0503

table

[teibl]

☐ ☐ ☐

명 탁자, 테이블

There is a round *table* in the room.
방안에는 둥근 탁자가 있다.

0504

must

[mʌst]

☐ ☐ ☐

동 ~해야 한다; ~임이 분명하다
명 꼭 필요한 것

You *must* study hard.
너는 열심히 공부해야 한다.

0505
into
[íntu:]
□ □ □

전 〈방향〉 ~의 안에[으로]; 〈변화〉 ~으로

A gentleman went **into** the hotel.
한 신사가 그 호텔 안으로 들어갔다.

0506
king
[kiŋ]
□ □ □

명 왕, 국왕 (반 queen)

The **king** wears a crown on his head.
왕은 머리에 왕관을 쓰고 있다.

0507
meet
[mi:t]
□ □ □

동 만나다; 마중하다

I am glad to **meet** you.
만나 뵙게 되어 기쁩니다.

0508
brother
[brʌ́ðər]
□ □ □

명 형제 (반 sister)

I argue with my **brother** all the time.
나는 항상 형과 논쟁을 한다.

0509
where
[hwεə:r]
□ □ □

의 어디에

Where were you yesterday?
어제 어디에 계셨습니까?

0510
about
[əbáut]
□ □ □

전 ~에 대하여

This book is **about** animals.
이 책은 동물에 대한 내용이다.

0511
store
[stɔ:r]
□ □ □

명 가게, 상점 (유 shop)

He bought apples at the fruit **store**.
그는 과일 가게에서 사과를 샀다.

0512

wash
[waʃ / wɔ(:)ʃ]
☐ ☐ ☐

동 씻다, 빨래하다

I **wash** my face and go to school.
나는 세수를 하고 학교에 간다.

0513

evening
[íːvniŋ]
☐ ☐ ☐

명 저녁 (일몰부터 잘 때까지)

I will work in the **evening**.
나는 저녁에 일하겠다.

0514

morning
[mɔ́ːrniŋ]
☐ ☐ ☐

명 아침; 오전 (동틀 무렵부터 정오 또는 점심 때까지)

He left home early in the **morning**.
그는 아침 일찍 집을 나섰다.

0515

afternoon
[æftərnúːn / àːftərnúːn]
☐ ☐ ☐

명 오후 (정오에서 일몰까지)

School ends in the **afternoon**.
학교는 오후에 끝난다.

0516

lunch
[lʌntʃ]
☐ ☐ ☐

명 점심

What will you have for **lunch**?
점심은 무엇을 먹을 거니?

0517

dinner
[dínər]
☐ ☐ ☐

명 저녁식사; 만찬

We have **dinner** at six o'clock.
우리는 6시에 저녁을 먹는다.

0518

than
[ðæn]
☐ ☐ ☐

접 ~보다(도)

He is six inches taller **than** me.
그는 나보다 키가 6인치 더 크다.

0519

break

[breik]

□ □ □

동 깨다, 고장 내다

○ break-broke-broken

He **broke** his leg.
그는 다리가 부러졌다.

0520

money

[mʌ́ni]

□ □ □

명 돈

I have no **money**.
나는 돈이 하나도 없다.

Minimal ✦ Phrases

□ **start to dance**	춤을 추기 **시작하다**
□ **late at night**	**밤** 늦게
□ **sit around a table**	**테이블**에 둘러앉다
□ **a must-have**	**꼭 갖추어야 할 것**
□ **jump into the pool**	**풀에** 뛰어들다
□ **the king of all animals**	모든 짐승의 **왕**
□ **meet a friend of mine**	내 친구를 **만나다**
□ **a blood brother**	피를 나눈 **형제**
□ **Where is ~?**	~은 **어디입니까?**
□ **know about her**	그녀에 **대해** 알다
□ **open[close] a store**	**상점**을 열다[닫다]
□ **a car wash**	**세차**(장)
□ **early in the evening**	**저녁** 일찍
□ **from morning till evening**	**아침**부터 저녁까지
□ **on Monday afternoon**	월요일 **오후**에
□ **eat lunch**	**점심**을 먹다
□ **invite to dinner**	**만찬**에 초대하다
□ **older than me**	나**보다** 나이가 많다
□ **break the window**	유리창을 **깨뜨리다**
□ **change money**	**환전**하다

내가 아는 단어는 몇 개인가요?

☐ young	☐ happy
☐ little	☐ short
☐ clean	☐ color
☐ apple	☐ brow
☐ thin	☐ need
☐ dark	☐ sky
☐ snow	☐ dish
☐ rice	☐ also
☐ tank	☐ both
☐ north	☐ south

_____ 개

0521

young

[jʌŋ]

☐ ☐ ☐

형 젊은, 어린 (반 old)

He looks *young*.
그는 젊어 보인다.

0522

happy

[hǽpi]

☐ ☐ ☐

형 행복한, 즐거운 (유 glad 반 unhappy)

We had a *happy* time yesterday.
우리는 어제 즐거운 시간을 보냈다.

0523

little

[lítl]

☐ ☐ ☐

형 작은 부 조금은, 거의 ~하지 않다

I *little* thought that he would come back again. 나는 그가 다시 돌아오리라고는 거의 생각지 않았다.

0524

short

[ʃɔːrt]

☐ ☐ ☐

형 짧은; 키가 작은 (반 long, tall)

He is *shorter* than you.
그는 너보다 작다.

116

0525
clean [형] 깨끗한 ([반] dirty) [동] 깨끗이 하다
[kli:n]
□ □ □
The beaches were ***clean*** and beautiful, too. 해변은 깨끗하고도 아름다웠다.

0526
color [명] 색깔, 색상
[kʌ́lər]
□ □ □
A rainbow has many ***colors***.
무지개는 많은 색깔을 갖고 있다.

0527
apple [명] 사과
[æpl]
□ □ □
Apples are plentiful in the fall.
가을에는 사과가 풍족하다.

0528
brow [명] 눈썹; 이마 ([유] forehead)
[brau]
□ □ □
Man must live by the sweat of his ***brow***.
사람은 이마에서 땀 흘려 일해 살아야 한다.

0529
thin [형] 얇은 ([반] thick); 마른
[θin]
□ □ □
A ***thin*** girl is standing there.
야윈 소녀가 저기 서 있다.

0530
need [동] 필요하다; (need to로) ~할 필요가 있다
[ni:d]
□ □ □
You ***need*** to be more careful.
너는 좀 더 조심할 필요가 있다.

0531
dark [형] 어두운 ([반] light); (색이) 짙은
[da:rk]
□ □ □
My sister has ***dark*** hair and dark eyes.
나의 누나는 검은 머리와 검은 눈을 가지고 있다.

0532

sky

[skai]

□ □ □

명 (보통 the sky로) 하늘 (반 earth)

On a clear day, the **sky** is blue.

맑은 날에 하늘은 파랗다.

0533

snow

[snou]

□ □ □

명 눈 동 (it을 주어로 하여) 눈이 오다

Snow falls from the sky in winter.

눈은 겨울에 하늘에서 내린다.

0534

dish

[diʃ]

□ □ □

명 접시; 요리

The cook put the food in a **dish**.

요리사는 음식을 접시에 담았다.

0535

rice

[rais]

□ □ □

명 쌀; 밥

They use chopsticks to eat **rice**.

그들은 밥을 먹기 위해 젓가락을 사용한다.

0536

also

[ɔ́ːlsou]

□ □ □

부 ~도, 역시

You must **also** read this book.

너는 이 책도 읽어야 한다.

0537

tank

[tæŋk]

□ □ □

명 탱크

He is filling his car's gas **tank**.

그는 자동차 연료 탱크에 급유하고 있다.

0538

both

[bouθ]

□ □ □

대 양쪽, 쌍방 형 양쪽의

Both of them are dead.

그들은 둘 다 죽었다.

0539
north 똉북쪽 똉북쪽의 똉북쪽으로

[nɔːrθ]

□ □ □

The English Channel lies between the
North Sea and the Atlantic.
영국 해협은 북해와 대서양 사이에 있다.

0540
south 똉남쪽 똉남쪽의 똉남쪽으로

[sauθ]

□ □ □

Our house faces the **south**.
우리집은 남향이다.

Minimal ✳ Phrases

□ a young **gentleman**	**젊은** 신사
□ a happy **family**	**행복한** 가정
□ a little **money**	**적은** 돈
□ a short **story**	**짧은** 이야기
□ a clean **room**	**깨끗한** 방
□ a dark **color**	어두운 **색**
□ cut an apple **in half**	**사과**를 반으로 자르다
□ draw one's **brows** together	**눈썹**을 찡그리다
□ thin **paper**	**얇은** 종이
□ need a **friend**	친구가 **필요하다**
□ a dark **night**	**어두운** 밤
□ a clear **sky**	맑은 **하늘**
□ be covered **with snow**	**눈**으로 덮이다
□ a dish of **meat**	고기 한 **접시**
□ cook **rice**	**밥**을 짓다
□ also **like movies**	영화**도** 좋아하다
□ tanks for storing **oil**	석유 저장 **탱크**
□ both of the **brothers**	그 형제 **둘 다**
□ a north **wind**	**북풍**
□ a south **gate**	**남쪽** 문

28일째

내가 아는 단어는 몇 개인가요?

- □ letter
- □ large
- □ mean
- □ meal
- □ tidy
- □ glass
- □ put
- □ fool
- □ fail
- □ bear

- □ shop
- □ food
- □ ship
- □ soon
- □ pretty
- □ part
- □ pick
- □ test
- □ jump
- □ story

_____개

0541

letter

[létər]

□ □ □

명 편지; 문자

Sumi wrote a *letter*.
수미는 편지를 썼다.

0542

shop

[ʃap / ʃɔp]

□ □ □

명 가게, 상점 (유 store)
동 물건을 사다, 물건을 사러 가다

I have a small flower *shop*.
나는 조그만 꽃 가게를 하나 가지고 있다.

0543

large

[laːrdʒ]

□ □ □

형 큰, 넓은 (유 big 반 small)

He had *large* black eyes.
그는 크고 검은 눈을 갖고 있었다.

0544

food

[fuːd]

□ □ □

명 음식, 먹을 것

Rice, meat and vegetables are
different kinds of *food*.
밥, 고기, 야채는 다른 종류의 음식이다.

0545
mean
[miːn]
☐ ☐ ☐
[동] ~을 뜻하다, ~을 의미하다
What do you ***mean*** by this word?
이 말은 무슨 뜻입니까?

0546
ship
[ʃip]
☐ ☐ ☐
[명] (큰)배
We went to America by ***ship***.
우리는 배를 타고 미국에 갔다.

0547
meal
[miːl]
☐ ☐ ☐
[명] 식사
She made me a ***meal***.
그녀가 식사를 차려주었다.

0548
soon
[suːn]
☐ ☐ ☐
[부] 곧, 얼마 안 가서, 빨리
He will be back home ***soon***.
그는 곧 집에 돌아올 것이다.

0549
tidy
[táidi]
☐ ☐ ☐
[형] 단정한 ([유] neat) [동] 정돈하다
I like ***tidy*** dresses.
나는 깔끔한 드레스를 좋아한다.

0550
pretty
[príti]
☐ ☐ ☐
[형] 예쁜, 귀여운 ([반] ugly)
Mother made me a ***pretty*** dress.
어머니께서는 나에게 예쁜 드레스를 만들어 주셨다.

0551
glass
[glæs / glaːs]
☐ ☐ ☐
[명] 유리; 유리잔; (~es) 안경
The window is made of ***glass***.
그 창문은 유리로 만들어졌다.

28일째

0552
part
[pɑ:rt]
□ □ □

명 부분 (반 whole)

Mary cut the cake into four *parts*.
메리는 케이크를 네 부분으로 잘랐다.

0553
put
[put]
□ □ □

동 놓다, 얹다; (어떤 상태로) 하다

Did you *put* the book on the table?
네가 탁자 위에 책을 놓았니?

0554
pick
[pik]
□ □ □

동 따다, 꺾다; 고르다, 뽑다

They *picked* all the apples.
그들이 모든 사과를 땄다.

0555
fool
[fu:l]
□ □ □

명 바보

He must be a *fool* to do such a thing.
그런 짓을 하다니 그는 바보임에 틀림없다.

0556
test
[test]
□ □ □

명 테스트, 시험 (유 examination)

He passed the math *test*.
그는 수학 시험에 합격했다.

0557
fail
[feil]
□ □ □

동 실패하다 (반 succeed)

He *failed* the entrance examination.
그는 입학시험에 떨어졌다.

0558
jump
[dʒʌmp]
□ □ □

동 뛰다, 뛰어오르다

The dog *jumped* over the fence.
그 개는 담을 뛰어넘었다.

122

0559

bear	몡 곰 동 (아이를) 낳다; 지탱하다; 견디다
[bɛər] □ □ □	The **bear** likes honey. 곰은 꿀을 좋아한다.

0560

story	몡 이야기 (유 tale); 소설 (유 novel)
[stɔ́:ri] □ □ □	He told me an interesting **story**. 그는 내게 재미있는 이야기를 해주었다.

Minimal Phrases

□ **mail a letter**	**편지**를 부치다
□ **a gift shop**	선물**가게**
□ **a large house**	**큰** 집
□ **delicious food**	맛있는 **음식**
□ **mean nothing**	아무 **의미**도 없다
□ **sail on a ship**	**배**로 항해하다
□ **a delicious meal**	맛있는 **식사**
□ **finish the homework soon**	**일찍** 숙제를 끝내다
□ **tidy up a room**	방을 **정돈하다**
□ **a pretty doll**	**예쁜** 인형
□ **a glass of water**	물 한 **잔**
□ **a part of the apple pie**	애플파이의 한 **부분**
□ **put a box on the desk**	상자를 책상 위에 **놓다**
□ **pick flowers**	꽃을 **꺾다**
□ **a big fool**	심한 **바보**
□ **a driving test**	운전 **시험**
□ **fail an exam**	시험에 **실패하다**
□ **jump into the sea**	바다 속으로 **뛰어들다**
□ **a brown bear**	불**곰**
□ **tell a story**	**이야기**를 하다

내가 아는 단어는 몇 개인가요?

☐ beef	☐ pork
☐ ruler	☐ hobby
☐ keep	☐ port
☐ rock	☐ send
☐ rule	☐ dead
☐ real	☐ bat
☐ sail	☐ flat
☐ fall	☐ full
☐ ad	☐ right
☐ add	☐ data

_____ 개

561

beef

[bi:f]

☐ ☐ ☐

명 쇠고기

She bought some bread and *beef* at the store.

그녀는 가게에서 약간의 빵과 쇠고기를 샀다.

0562

pork

[pɔːrk]

☐ ☐ ☐

명 돼지고기

Pork is meat from pigs.

포크는 돼지고기이다.

0563

ruler

[rúːlər]

☐ ☐ ☐

명 잣대; 통치자

A *ruler* is a person who governs.

통치자는 통치를 하는 사람을 말한다.

0564

hobby

[hábi / hóbi]

☐ ☐ ☐

명 취미

What is your *hobby*?

당신의 취미는 무엇입니까?

0565

keep

[ki:p]

☐ ☐ ☐

동 지니다, 보관하다; (규칙 등을) 지키다; (어떤 상태로) 유지하다

○ keep-kept-kept

He **kept** his promise.
그는 약속을 지켰다.

0566

port

[pɔːrt]

☐ ☐ ☐

명 항구, 항구 도시 (유 harbor)

The ship has entered **port** at Busan.
배가 부산에 입항했다.

0567

rock

[rak / rɔk]

☐ ☐ ☐

명 바위

I sat down on a **rock**.
나는 바위에 앉았다.

0568

send

[send]

☐ ☐ ☐

동 보내다 (반 receive)

I shall **send** her some money.
나는 그녀에게 약간의 돈을 보낼 것이다.

0569

rule

[ru:l]

☐ ☐ ☐

명 규칙 동 지배하다

He broke the **rule**.
그는 규칙을 어겼다.

0570

dead

[ded]

☐ ☐ ☐

형 죽은 (반 living, alive)

The fish in the bottle was **dead**.
병 안에 든 물고기는 죽었다.

0571

real

[ríːəl / ríəl]

☐ ☐ ☐

형 실제의, 현실의, 진짜의

This is a **real** diamond.
이것은 진짜 다이아몬드이다.

0572

bat

[bæt]

□ □ □

몡 방망이, (야구 등의) 배트

I have a *bat* in my right hand.
나는 오른손에 배트를 가지고 있다.

0573

sail

[seil]

□ □ □

동 배가 떠나다, 출범하다, 항해하다
(sailor 몡 선원, 뱃사람)

They *sailed* across the Atlantic
Ocean. 그들은 배를 타고 대서양을 건넜다.

0574

flat

[flæt]

□ □ □

혱 평평한, 납작한

People believed the earth was *flat*.
사람들은 지구가 평평하다고 믿었다.

0575

fall

[fɔːl]

□ □ □

동 떨어지다; (비 등이) 내리다; 넘어지다

Snow is *falling* down from the sky.
하늘에서 눈이 내리고 있다.

0576

full

[ful]

□ □ □

혱 가득한, 충분한 (뺸 empty)

The cave was *full* of mystery.
그 동굴은 신비감이 가득했다.

0577

ad

[æd]

□ □ □

몡 광고 (advertisement의 줄임말)

I want the *ad* to be 5 inches by 3
columns.
5인치 3단의 광고를 내고 싶다.

0578

right

[rait]

□ □ □

혱 오른쪽의; 옳은 뿐 오른쪽으로; 옳게
몡 오른쪽; 권리

Raise your *right* hand.
오른손을 들어라.

0579
add [동] 더하다, 보태다

[æd]
□ □ □

If you ***add*** 2 to 8, you get 10.
8에다 2를 더하면, 10이 된다.

0580
data [명] 〈복수〉 자료, 데이터 (〈단수〉 datum)

[déitə / dǽtə]
□ □ □

He has collected the ***data*** for his report.
그는 보고서를 위해 자료를 수집했다.

Minimal Phrases

- □ **cook beef** 쇠고기를 요리하다
- □ **roast pork** 돼지고기 구이
- □ **a powerful ruler** 강력한 통치자
- □ **an expensive hobby** 돈이 많이 드는 취미
- □ **keep a diary every day** 매일 일기를 쓰다
- □ **leave port** 출항하다
- □ **a big rock** 큰 바위
- □ **send him a card** 그에게 카드를 보내다
- □ **break a rule** 규칙을 어기다
- □ **a dead bird** 죽은 새
- □ **a real jewel** 진짜 보석
- □ **a baseball bat** 야구 방망이
- □ **sail the Pacific Ocean** 태평양을 항해하다
- □ **a flat board** 평평한 판자
- □ **fall to the ground** 땅에 떨어지다
- □ **a full bus** 만원 버스
- □ **an ad agency** 광고 대행사
- □ **turn right** 오른쪽으로 돌다
- □ **add some water** 물을 약간 더하다
- □ **scientific data** 과학적 자료

30일째

내가 아는 단어는 몇 개인가요?

- □ novel
- □ climb
- □ band
- □ stair
- □ loud
- □ list
- □ salty
- □ hurry
- □ shelf
- □ puff

- □ never
- □ other
- □ daily
- □ pour
- □ moon
- □ tasty
- □ idle
- □ spicy
- □ wrap
- □ yard

_____ 개

0581

novel

[náv(ə)l / nɔ́v(ə)l]

□ □ □

명 소설 (유 fiction)

I am reading a fantasy *novel*.
난 판타지 소설을 읽고 있다.

0582

never

[névər]

□ □ □

부 결코 ~하지 않다; 한 번도 ~한 적이 없다

I'll *never* give it up.
나는 그것을 결코 포기하지 않겠다.

0583

climb

[klaim]

□ □ □

동 오르다, 기어오르다

He has *climbed* the Alps.
그는 알프스 산에 오른 적이 있다.

0584

other

[ʌ́ðər]

□ □ □

형 다른, 그 밖의; (두 가지 중의) 다른 한 쪽
대 (~s) 다른 사람들

This desk is mine and the *other* is my brother's.
이 책상은 내 것이고 다른 하나는 동생 것이다.

0585
band
[bænd]
□ □ □

[명] 끈, 띠; 악단, 밴드

The gift was tied with ***bands***.
그 선물은 끈으로 묶여 있었다.

0586
daily
[déili]
□ □ □

[형] 매일의, 나날의

Here he used to live his ***daily*** life.
여기에서 그는 일상적인 삶을 살았었다.

0587
stair
[stɛəːr]
□ □ □

[명] (보통 stairs로) 계단

Please go down the ***stairs***.
계단을 내려가세요.

0588
pour
[pɔːr]
□ □ □

[동] 따르다, 붓다; 비가 퍼붓다

When you ***pour*** the hot tea, be careful!
뜨거운 차를 부을 때는 조심하렴!

0589
loud
[laud]
□ □ □

[형] 큰소리의, 소리가 높은 ([반] low)

He spoke to me in a ***loud*** voice.
그는 큰소리로 나에게 말했다.

0590
moon
[muːn]
□ □ □

[명] (the moon으로) 달

A bright ***moon*** was coming up.
밝은 달이 떠오르고 있었다.

0591
list
[list]
□ □ □

[명] 일람표, 리스트, 명부

His name is on the ***list*** of the graduates.
그의 이름은 졸업생 명부에 올라 있다.

0592

tasty

[téisti]

□ □ □

형 맛좋은

The meal was very **tasty**.
식사는 아주 맛있었다.

0593

salty

[sɔ́:lti]

□ □ □

형 짠 (salt 명 소금)

Sea water is **salty**.
바닷물이 짭짤하다.

0594

idle

[áidl]

□ □ □

형 한가한; 게으른

Her husband is an **idle** man.
그녀의 남편은 게으른 사람이다.

0595

hurry

[hə́:ri / hʌ́ri]

□ □ □

동 서두르다, 황급히 가다

Hurry up, or you will be late.
서둘러라, 그렇지 않으면 늦을 것이다.

0596

spicy

[spáisi]

□ □ □

형 양념이 많은

Do you like **spicy** food?
당신은 매콤한 음식을 좋아하세요?

0597

shelf

[ʃelf]

□ □ □

명 선반

The **shelf** is too high.
그 선반은 너무 높다.

0598

wrap

[ræp]

□ □ □

동 싸다, 두르다

She **wrapped** the box carefully.
그녀는 상자를 조심스럽게 쌌다.

0599

puff

[명] 훅 불기 [동] 훅훅 불다

[pʌf]

☐ ☐ ☐

A *puff* of wind moved the branches.
한 줄기 바람이 훅 불자 가지들이 움직였다.

0600

yard

[명] 안마당, 뜰

[jaːrd]

☐ ☐ ☐

He is working in the *yard*.
그는 마당에서 일하고 있다.

Minimal ✳ Phrases

☐ **read a novel**	**소설**을 읽다
☐ **never tell a lie**	**결코** 거짓말을 하지 **않다**
☐ **climb a mountain**	산을 **오르다**
☐ **other people**	**다른** 사람들
☐ **a school band**	학교 **악단**
☐ **the daily newspaper**	**일간** 신문
☐ **go up the stairs**	**계단**을 오르다
☐ **pour water into a bucket**	양동이에 물을 **붓다**
☐ **a loud voice**	**큰**소리
☐ **a trip to the moon**	**달** 여행
☐ **a list of members**	회원 **명부**
☐ **tasty food**	**맛있는** 음식
☐ **a salty taste**	**짠** 맛
☐ **the idle hours**	**한가한** 시간
☐ **hurry home**	집에 **서둘러 가다**
☐ **a spicy salad dressing**	**매콤한** 샐러드 드레싱
☐ **put a box on the shelf**	상자를 **선반**에 얹다
☐ **wrap the baby in a towel**	아기를 타월로 **감싸다**
☐ **a puff of smoke**	**훅**하고 내뿜는 연기
☐ **sweep the yard**	**마당**을 쓸다

31일째

학습일 : ___ 월 ___ 일

내가 아는 단어는 몇 개인가요?

☐ fault
☐ recorder
☐ obey
☐ wine
☐ town
☐ proud
☐ below
☐ cross
☐ order
☐ aisle

☐ host
☐ camp
☐ gas
☐ side
☐ treat
☐ pencil
☐ circle
☐ shine
☐ pond
☐ press

_____ 개

0601

fault

[fɔ:lt]
☐ ☐ ☐

명 결점, 결함; 잘못, 과실

It is easy for us to find **fault** with
others.
남의 흠을 잡기는 쉽다.

0602

host

[houst]
☐ ☐ ☐

명 주인 (반 guest)

He did better as a **host** than as a
guest.
그는 손님으로서보다는 주인노릇을 더 잘했다.

0603

recorder

[rikɔ́:rdə:r]
☐ ☐ ☐

명 기록[등록]담당원; 녹음기, (자동)기록기

He is a **recorder**.
그는 기록담당원이다.

0604

camp

[kæmp]
☐ ☐ ☐

명 야영, 캠프

It was a really interesting **camp**.
정말 재미있는 캠프였다.

0605

obey

[oubéi / əbéi]

☐ ☐ ☐

동 복종하다, (명령을) 준수하다

We must **obey** the law.

우리들은 법을 따르지 않으면 안 된다.

0606

gas

[gæs]

☐ ☐ ☐

명 기체; 가스; 휘발유

Turn on[off] the **gas**.

가스 불을 켜라[꺼라].

0607

wine

[wain]

☐ ☐ ☐

명 포도주

This store sells **wine**.

이 가게에서는 포도주를 판다.

0608

side

[said]

☐ ☐ ☐

명 쪽, 측면

He sat on his father's right **side**.

그는 아버지의 오른쪽에 앉았다.

0609

town

[taun]

☐ ☐ ☐

명 읍, 소도시 (city보다는 작은 곳)

There are two high schools in our **town**.

우리 읍에는 고등학교가 둘 있다.

0610

treat

[tri:t]

☐ ☐ ☐

동 대우하다; 치료하다

They **treated** me with a new drug.

그들은 나를 신약으로 치료했다.

0611

proud

[praud]

☐ ☐ ☐]

형 뽐내는, 자랑으로 여기는

She is **proud** of her son.

그녀는 아들을 자랑으로 여긴다.

0612

pencil

[pénsəl]

□ □ □

명 연필

I drew a picture with a **pencil**.
나는 연필로 그림을 그렸다.

0613

below

[bilóu]

□ □ □

전 ~의 아래에, ~의 아래쪽에 (반 above)

Hang this picture **below** the other.
이 그림을 다른 그림 아래 걸어라.

0614

circle

[sə́:rkl]

□ □ □

명 원, 고리 동 원을 그리다, 둘러싸다

Some shapes like **circles** feel soft.
원과 같은 모양들은 부드럽게 느껴진다.

0615

cross

[krɔ:s / krɔs]

□ □ □

동 가로지르다, 건너다

Be careful when you **cross** the street.
길을 건널 때는 조심해라.

0616

shine

[ʃain]

□ □ □

동 비치다, 빛나다

The sun is **shining** bright.
해가 밝게 빛나고 있다.

0617

order

[ɔ́:rdər]

□ □ □

동 명령하다; 주문하다 명 명령; 주문

I **ordered** two cups of coffee.
나는 커피 두 잔을 주문했다.

0618

pond

[pand / pɔnd]

□ □ □

명 연못

They have a **pond** in the garden.
그들은 정원에 연못을 갖고 있다.

0619

aisle

[ail]

☐ ☐ ☐

명 통로; 복도

The woman is sitting in the *aisle*.
여자가 복도에 앉아 있다.

0620

press

[pres]

☐ ☐ ☐

동 누르다; 다리다; 강요하다

It's very hard to *press* this shirt.
이 셔츠 다리기는 정말 힘들다.

Minimal Phrases

☐ a man of many faults	**결점**이 많은 사람
☐ act as host at a party	파티에서 **주인** 노릇을 하다
☐ a tape recorder	테이프 **리코더**
☐ a ski camp	스키 **캠프**
☐ obey the laws of nature	자연의 법칙을 **따르다**
☐ light the gas	**가스**에 불을 붙이다
☐ a bottle of wine	**포도주** 한 병
☐ one side of the road	길 **한쪽**
☐ a small town	작은 **도시**
☐ treat as a child	어린애같이 **다루다**
☐ be proud of one's voice	목소리를 **자랑으로 여기다**
☐ write with a pencil	**연필로** 쓰다
☐ fall below zero	0도 **이하로** 떨어지다
☐ sit in a circle	**빙 둘러** 앉다
☐ cross the street	길을 **가로지르다**[횡단하다]
☐ shine at night	밤에 **빛나다**
☐ order him to go out	그에게 나가라고 **명령하다**
☐ a pond in the garden	정원의 **연못**
☐ an aisle seat	**통로**측의 좌석
☐ press a button	버튼을 **누르다**

32일째

학습일 : ___ 월 ___ 일

내가 아는 단어는 몇 개인가요?

- ☐ crazy
- ☐ sailor
- ☐ paint
- ☐ teach
- ☐ twice
- ☐ style
- ☐ chalk
- ☐ teen
- ☐ light
- ☐ loose

- ☐ edge
- ☐ Asia
- ☐ fresh
- ☐ finish
- ☐ place
- ☐ chair
- ☐ heavy
- ☐ clear
- ☐ view
- ☐ neck

_____ 개

0621

crazy

[kréizi]

☐ ☐ ☐

휑 미친 (㊀mad); 열광적인 (~about)

He acted as if he were *crazy*.

그는 미친 사람처럼 행동했다.

0622

edge

[edʒ]

☐ ☐ ☐

휑 (칼 등의) 날; 가장자리

The *edge* of this knife is dull.

이 칼날은 무디다.

0623

sailor

[séilər]

☐ ☐ ☐

휑 선원, 뱃사람

They became *sailors*.

그들은 뱃사람이 되었다.

0624

Asia

[éiʒə / éiʃə]

☐ ☐ ☐

휑 아시아

Korea is one of the countries in *Asia*.

한국은 아시아에 있는 국가 중 하나이다.

0625
paint

[peint]

□ □ □

동 (페인트로) 칠하다; 그리다

The boy *painted* his mother in a sofa.
그 소년은 소파에 앉아계신 엄마를 그렸다.

0626
fresh

[freʃ]

□ □ □

형 신선한

The fruits are *fresh*.
그 과일들은 신선하다.

0627
teach

[tiːtʃ]

□ □ □

동 가르치다

Mr. Smith *teaches* English at our
school. 스미스 선생님은 우리 학교에서 영어를
가르치신다.

0628
finish

[fíniʃ]

□ □ □

동 끝내다, 완성하다 (반 begin)

The movie *finished* at 10.
영화는 10시에 끝났다.

0629
twice

[twais]

□ □ □

부 두 번; 두 배로

I've been there *twice*.
나는 그곳에 두 번 갔었다.

0630
place

[pleis]

□ □ □

명 장소, 곳

We are looking for a good *place* to
camp.
우리는 야영하기에 좋은 장소를 찾고 있다.

0631
style

[stail]

□ □ □

명 스타일; 양식; 문체

He often varies his hair *style*.
그는 머리 스타일을 자주 바꾼다.

0632

chair

[tʃɛər]

□ □ □

® 의자, 걸상

Sit down on the *chair*.
의자에 앉아라.

0633

chalk

[tʃɔːk]

□ □ □

® 분필

Our teacher writes with *chalk*.
우리 선생님은 분필로 글을 쓰신다.

0634

heavy

[hévi]

□ □ □

® 무거운 (⑫ light); 심한, 맹렬한

The big table is very *heavy*.
그 큰 탁자는 매우 무겁다.

0635

teen

[tiːn]

□ □ □

® 10대 (⑨ teenager)
® 10대의 (⑨ teenage)

Today's *teen* is tomorrow's adult.
오늘의 십대는 내일의 성인이다.

0636

clear

[kliər]

□ □ □

® 맑은, 맑게 갠; 분명한

The water in the pond is very *clear*.
연못의 물은 매우 맑다.

0637

light

[lait]

□ □ □

® 가벼운; 밝은 (⑫ heavy, dark) ® 빛, 불

It is not *light* in the winter even at six
o'clock. 겨울에는 6시가 되어도 밝지 않다.

0638

view

[vjuː]

□ □ □

® 전망, 경치

My room has a good *view*.
내 방은 전망이 좋다.

0639

loose

[lu:s]

□ □ □

(형) 헐렁한, 느슨한 (반 tight)

His coat is too *loose*.
그의 코트는 너무 헐렁하다.

0640

neck

[nek]

□ □ □

(명) 목

The giraffe has a long *neck*.
기린은 긴 목을 가지고 있다.

Minimal ✳ Phrases

□ be crazy about baseball	야구에 **미치다**
□ the edge of the table	테이블의 **가장자리**
□ become a sailor	**선원**이 되다
□ the peoples of Asia	**아시아**의 국민들
□ paint a wall	벽을 **칠하다**
□ a fresh vegetable	**신선한** 야채
□ teach English	영어를 **가르치다**
□ finish the work	일을 **끝내다**
□ once or twice	한**두 번**
□ a place of meeting	모이는 **장소**
□ the writing style	문**체**
□ sit on a chair	**의자**에 앉다
□ a white chalk	하얀 **분필**
□ a heavy bag	**무거운** 가방
□ boys in their teens	**십대의** 소년들
□ a clear sky	**맑은** 하늘
□ a light box	**가벼운** 상자
□ a wonderful view	멋진 **전망**
□ a loose shirt	**헐렁한** 셔츠
□ a short neck	짧은 **목**

641

boot

[bu:t]

☐ ☐ ☐

명 장화, 부츠

He is wearing **boots**.
그는 장화를 신고 있다.

0642

stocking

[stákiŋ / stɔ́kiŋ]

☐ ☐ ☐

명 스타킹, 긴 양말 (sock 명 짧은 양말)

My elder sister is wearing **stockings**.
누나는 스타킹을 신고 있다.

0643

shorts

[ʃɔːrts]

☐ ☐ ☐

명 반바지

Henry is wearing green **shorts**.
헨리는 초록색 반바지를 입고 있다.

0644

suit

[su:t]

☐ ☐ ☐

명 정장, 양복

Father has a new **suit** on.
아버지는 새로 맞춘 신사복을 입고 계신다.

0645
glove
[glʌv]
☐ ☐ ☐

[명] 장갑 (mitten [명] 벙어리장갑)

Who is the boy in ***gloves***?
장갑을 끼고 있는 소년은 누구니?

0646
pack
[pæk]
☐ ☐ ☐

[명] 꾸러미, 짐 [동] 꾸리다, 짐을 싸다

I ***packed*** my luggage.
나는 짐을 꾸렸다.

0647
ever
[évər]
☐ ☐ ☐

[부] 전에, 이제까지

He studied harder than ***ever***.
그는 전보다 더 열심히 공부했다.

0648
past
[pæst / pa:st]
☐ ☐ ☐

[형] 지나간, 과거의

They have been in Seoul for the ***past*** five years.
그들은 지난 5년간 서울에 있었다.

0649
chat
[tʃæt]
☐ ☐ ☐

[동] 잡담하다 [명] 잡담

Let's ***chat*** over tea.
차를 마시면서 이야기나 하자.

0650
spoil
[spɔil]
☐ ☐ ☐

[동] 망치다 ([유] destroy); 상하다

The heavy rain ***spoiled*** the crops.
큰 비가 농작물을 망쳐 버렸다.

0651
fume
[fju:m]
☐ ☐ ☐

[명] 연기, 매연

Fumes from cars are toxic.
자동차 배기가스는 유독하다.

0652

flood	명 홍수, 큰물
[flʌd] ☐ ☐ ☐	A ***flood*** killed many people. 홍수가 나서 많은 사람들이 죽었다.

0653

rid	동 없애다
[rid] ☐ ☐ ☐	You must get ***rid*** of bad habits. 나쁜 습관을 버려야 한다.

0654

bug	명 곤충 (유 insect)
[bʌg] ☐ ☐ ☐	He looked at a ***bug***. 그는 벌레를 보았다.

0655

worm	명 벌레, 지렁이
[wɔːrm] ☐ ☐ ☐	The early bird catches the ***worm***. 일찍 일어나는 새가 벌레를 잡는다.

0656

within	전 (시간·거리 등이) ~의 안에, ~이내에
[wiðín / wiθín] ☐ ☐ ☐	He will be back ***within*** a week. 그는 1주일 이내에 돌아올 것이다.

0657

headache	명 두통
[hédèik] ☐ ☐ ☐	I have a bad ***headache*** today. 나는 오늘 두통이 심하다.

0658

sore	형 아픈 (유 painful)
[sɔːr] ☐ ☐ ☐	I have a cough and a ***sore*** throat. 나는 기침이 나고 목이 아프다.

0659

hunt

[hʌnt]

□ □ □

명 동 사냥(하다)

They **hunted** foxes.
그들은 여우를 사냥했다.

0660

lamp

[læmp]

□ □ □

명 등, 램프

She turned on the **lamp** beside the
bed. 그녀는 침대 옆에 있는 램프를 켰다.

Minimal ☆ Phrases

□ **rubber boots**	고무**장화**
□ **silk stockings**	실크 **스타킹**
□ **a pair of shorts**	**반바지** 한 벌
□ **a new suit**	새 **양복**
□ **put on gloves**	**장갑**을 끼다
□ **pack (up) clothes**	옷가지를 **꾸리다**
□ **be as beautiful as ever**	**전과** 다름없이 아름답다
□ **past experience**	**과거** 경험
□ **have a chat**	**담소**를 나누다
□ **spoil eggs**	계란을 **썩히다**
□ **tobacco fumes**	담배 **연기**
□ **a flood of questions**	질문의 **홍수**
□ **rid the house of rats**	집에서 쥐를 **제거하다**
□ **a bug collection**	**곤충** 채집
□ **birds looking for worms**	**벌레**를 찾는 새들
□ **finish within a week**	1주일 **안에** 끝내다
□ **a slight headache**	가벼운 **두통**
□ **a sore spot**	**아픈** 곳
□ **go on a hunt**	**사냥**하러 가다
□ **turn on the lamp**	**램프**를 켜다

☐ left	☐ wing
☐ down	☐ bank
☐ trash	☐ shall
☐ enter	☐ rainy
☐ diary	☐ still
☐ match	☐ leave
☐ poem	☐ dull
☐ coin	☐ main
☐ grass	☐ sunny
☐ garden	☐ grade

_____ 개

0661
left

[left]

☐☐☐

혱 왼쪽의, 왼편의 (빤 right)
튀 왼쪽으로, 왼쪽에

Lie on your *left* side.
왼쪽으로 돌아누우세요.

0662
wing

[wiŋ]

☐☐☐

몡 날개

Birds have *wings*.
새들은 날개를 가지고 있다.

0663
down

[daun]

☐☐☐

튀 아래로, 아래쪽으로 (빤 up)
젠 ~아래쪽으로, ~을 내려가서

The car is going *down* the hill.
그 차는 언덕을 내려가고 있다.

0664
bank

[bæŋk]

☐☐☐

몡 은행

You can save your money in the
bank.
너는 은행에 네 돈을 저금할 수 있다.

144

0665
trash
[træʃ]
□ □ □

[명] 쓰레기, 휴지

I put the garbage in the ***trash*** can.
나는 쓰레기를 휴지통에 버렸다.

0666
shall
[ʃæl]
□ □ □

[동] ~할 것이다; ~할까요?

I ***shall*** be fifteen years old next year.
나는 내년에 15살이 될 것이다.

0667
enter
[éntə*r*]
□ □ □

[동] 들어가다; 입학하다

We ***entered*** the house through the front door.
우리는 정문을 통해 그 집에 들어갔다.

0668
rainy
[réini]
□ □ □

[형] 비의, 비가 오는

I met him on a ***rainy*** day.
나는 그를 어느 비가 오는 날에 만났다.

0669
diary
[dáiəri]
□ □ □

[명] 일기(장)

She keeps a ***diary***.
그녀는 일기를 쓴다.

0670
still
[stil]
□ □ □

[부] 아직도, 여전히

He is ***still*** asleep.
그는 아직도 자고 있다.

0671
match
[mætʃ]
□ □ □

[명] 성냥; 시합 [동] ~에 어울리다

We won the ***match***.
우리는 그 시합에 이겼다.

0672

leave
[li:v]
☐ ☐ ☐

동 떠나다; ~한 채로 놓아두다; 그만두다

My father *leaves* home at seven every morning.
나의 아버지께서는 매일 아침 7시에 집을 떠나신다.

0673

poem
[póuim]
☐ ☐ ☐

명 (한 편의) 시

Shakespeare wrote many famous *poems*.
셰익스피어는 유명한 시를 많이 썼다.

0674

dull
[dʌl]
☐ ☐ ☐

형 둔한 (반 keen, sharp); 지루한

His story was *dull*.
그의 이야기는 재미없었다.

0675

coin
[kɔin]
☐ ☐ ☐

명 주화, 동전

I have some American *coins*.
나는 미국 동전을 몇 개 가지고 있다.

0676

main
[mein]
☐ ☐ ☐

형 으뜸가는, 주요한

This is the *main* street of this town.
이곳이 이 도시의 번화가이다.

0677

grass
[grɑ:s]
☐ ☐ ☐

명 풀, 잔디; 풀밭 (유 lawn)

The field is covered with *grass*.
들판은 풀로 덮여 있다.

0678

sunny
[sʌ́ni]
☐ ☐ ☐

형 햇빛의, 맑은; 햇볕이 잘 드는

It is a *sunny* day.
오늘은 화창한 날이다.

0679

garden
[gáːrdn]
☐ ☐ ☐

⌐명⌐ 정원 (gardener ⌐명⌐ 정원사)

She grows flowers in the *garden*.
그녀는 정원에 꽃을 가꾸고 있다.

0680

grade
[greid]
☐ ☐ ☐

⌐명⌐ 학년; 등급; 성적, 평점

They are in the seventh *grade*.
그들은 7학년생[중학 1학년생]이다.

Minimal ✳ Phrases

☐ my left hand	나의 **왼**손
☐ spread wings	**날개**를 펴다
☐ put a bag down	가방을 **내려놓다**
☐ work at a bank	**은행**에서 일하다
☐ throw away trash	**쓰레기**를 버리다
☐ a man who shall go unnamed	이름을 **댈** 필요가 없는 어떤 사람
☐ enter the room	방으로 **들어가다**
☐ a rainy day	**비오는** 날
☐ keep a diary	**일기**를 쓰다
☐ be still waiting for him	**아직도** 그를 기다리고 있다
☐ a box of matches	**성냥**갑
☐ leave home	집을 **떠나다**
☐ write a poem	**시**를 쓰다
☐ have dull senses	감각이 **둔하다**
☐ a coin changer	**동전** 교환기
☐ a main event	**주요** 행사
☐ cut grass	**풀**을 베다
☐ a sunny room	**햇볕**이 잘 드는 방
☐ a beautiful roof garden	아름다운 옥상 **정원**
☐ the sixth grade	**6학년**

내가 아는 단어는 몇 개인가요?

- [ ] final
- [ ] world
- [ ] seat
- [ ] miner
- [ ] actor
- [ ] prize
- [ ] bulb
- [ ] boat
- [ ] smile
- [ ] grand

- [ ] close
- [ ] event
- [ ] block
- [ ] minor
- [ ] push
- [ ] rope
- [ ] since
- [ ] score
- [ ] sound
- [ ] nurse

_____ 개

0681

final

[fáinəl]

☐ ☐ ☐

형 마지막의; 결정적인 명 결승전

He is the *final* victor.
그는 최후의 승자다.

0682

close

[klous 형 / klouz 동]

☐ ☐ ☐

형 가까운; 친근한 동 닫다 (유 shut)

He is a *close* friend of mine.
그는 나의 친한 친구이다.

0683

world

[wɔːrld]

☐ ☐ ☐

명 세계, 세상

This is a map of the *world*.
이것이 세계 지도이다.

0684

event

[ivént]

☐ ☐ ☐

명 사건; 행사

The Olympics are a great *event*.
올림픽은 큰 행사이다.

0685
seat
[si:t]
□ □ □

명 자리, 좌석 동 앉히다

Go back to your *seat*.
당신 자리로 돌아가시오.

0686
block
[blak / blɔk]
□ □ □

명 덩어리; 블록; 장애물 동 막다

It's two *blocks* from here.
여기서 두 블록을 가면 있다.

0687
miner
[máinər]
□ □ □

명 광부

My father was a coal *miner*.
나의 아버지는 석탄을 캐는 광부였다.

0688
minor
[máinər]
□ □ □

형 소수의; 중요치 않은

It's only a *minor* problem.
그것은 단지 사소한 문제다.

0689
actor
[ǽktər]
□ □ □

명 (남자)배우 (반 actress)

My favorite *actor* appears in the movie.
내가 가장 좋아하는 배우가 그 영화에 출연한다.

0690
push
[puʃ]
□ □ □

동 밀다, 밀고 나아가다 (반 pull)

He *pushed* me suddenly.
그는 갑자기 나를 밀었다.

0691
prize
[praiz]
□ □ □

명 상, 상품, 상금

He gave me a clock as a *prize*.
그는 나에게 상으로 시계를 주었다.

0692

rope

[roup]

□ □ □

명 줄, 로프

I tied up my package with a *rope*.
나는 짐을 줄로 묶었다.

0693

bulb

[bʌlb]

□ □ □

명 전구; 구근; 알뿌리

The light *bulb* went out.
전구가 불이 안 들어온다.

0694

since

[sins]

□ □ □

전 ~이래 접 ~한 지; ~이므로

We have been busy *since* last Sunday.
우리는 지난 일요일 이래로 계속 바빴다.

0695

boat

[bout]

□ □ □

명 보트, 작은 배

We took a *boat* on the lake.
우리들은 호수에서 보트를 탔다.

0696

score

[skɔːr]

□ □ □

명 득점; 점수

The *score* is 10 to 7.
점수는 10대 7이다.

0697

smile

[smail]

□ □ □

명 미소, 웃음 동 미소 짓다

She is always *smiling*.
그녀는 항상 미소를 짓고 있다.

0698

sound

[saund]

□ □ □

명 소리 동 ~처럼 들리다

The *sound* of music made me happy.
음악 소리가 나를 기쁘게 했다.

0699
grand
[grænd]
☐ ☐ ☐

[형] 웅장한 ([유] magnificent); 위대한

They are ***grand*** and even beautiful.
그것들은 웅장하고 아름답기까지 하다.

0700
nurse
[nəːrs]
☐ ☐ ☐

[명] 간호사; 유모

The doctor and the ***nurse*** took care of him.
그 의사와 간호사는 그를 돌보았다.

Minimal ✱ Phrases

☐ the final round	(시합의) **최종**회[결승]
☐ be close to the house	집에서 **가깝다**
☐ the world of children	어린이의 **세계**
☐ a big event	큰 **사건**[행사]
☐ take a seat	**자리**에 앉다
☐ walk two blocks	2**블록** 걷다
☐ hard-working miners	성실한 **광부들**
☐ a minor party	**소수**당
☐ a film actor	영화**배우**
☐ push at the back	뒤에서 **밀다**
☐ win the first prize	1등**상**을 받다
☐ cut the rope	**줄**을 끊다
☐ change a bulb	**전구**를 갈다
☐ since last Sunday	지난 일요일 **이래**
☐ get in a boat	**보트**를 타다
☐ the average score	평균**점**
☐ smile at a baby	아이에게 **미소 짓다**
☐ a big sound	큰 **소리**
☐ a grand mountain	**웅장한** 산
☐ a male nurse	남자 **간호사**

36일째

학습일 : ___ 월 ___ 일

내가 아는 단어는 몇 개인가요?

- ☐ dance
- ☐ paper
- ☐ drink
- ☐ raise
- ☐ listen
- ☐ worry
- ☐ woman
- ☐ student
- ☐ please
- ☐ movie
- ☐ music
- ☐ speak
- ☐ wait
- ☐ solve
- ☐ school
- ☐ which
- ☐ mother
- ☐ flower
- ☐ count
- ☐ front

____ 개

0701
dance [동] 춤추다, 무용하다
[dæns / da:ns]
☐ ☐ ☐
They *danced* at the party.
그들은 파티에서 춤을 추었다.

0702
music [명] 음악
[mjú:zik]
☐ ☐ ☐
I listen to *music* every evening.
나는 매일 저녁 음악을 듣는다.

0703
paper [명] 종이; 신문 ([유] newspaper)
[péipər]
☐ ☐ ☐
He drew pictures on a piece of *paper*.
그는 종이 한 장에 그림을 그렸다.

0704
speak [동] 이야기하다, 말하다
[spi:k]
☐ ☐ ☐
Can you *speak* English?
영어를 말할 줄 아니?

0705
drink
[driŋk]
□ □ □

통 마시다

I want something to *drink*.
뭐 좀 마실 것이 있으면 좋겠다.

0706
wait
[weit]
□ □ □

통 기다리다

We'll *wait* until tomorrow.
우리는 내일까지 기다릴 것이다.

0707
raise
[reiz]
□ □ □

통 올리다; 기르다

Raise your right hand when you understand.
알면 오른손을 드세요.

0708
solve
[salv / sɔlv]
□ □ □

통 풀다, 해결하다

Nobody was able to *solve* the problem.
누구도 그 문제를 풀 수 없었다.

0709
listen
[lísn]
□ □ □

통 듣다, 경청하다

Mary likes to *listen* to music.
메리는 음악 듣는 것을 좋아한다.

0710
school
[sku:l]
□ □ □

명 학교; 수업

She went to *school* early in the morning.
그녀는 아침 일찍 학교에 갔다.

0711
worry
[wɔ́:ri / wʌ́ri]
□ □ □

통 걱정하다, 걱정시키다

Don't *worry*.
걱정하지 마라.

0712
which
㉠ 어느 것, 어느 쪽, 어느 사람

[*h*witʃ / witʃ]
□ □ □

Which do you like better, apples or oranges?
사과와 오렌지 중에서 어느 쪽을 더 좋아하십니까?

0713
woman
명 여자, 여성 (반 man)

[wúmən]
□ □ □

Do you know the ***woman***?
그 여자를 아니?

0714
mother
명 어머니

[mʌ́ðəːr]
□ □ □

My ***mother*** likes flowers.
나의 어머니는 꽃을 좋아하신다.

0715
student
명 (대학·고교의) 학생

[st(j)úːdənt]
□ □ □

He is a ***student*** of this school.
그는 이 학교의 학생이다.

0716
flower
명 꽃

[fláuər]
□ □ □

A rose is a ***flower***.
장미는 꽃이다.

0717
please
동 기쁘게 하다 감 제발, 부디

[pliːz]
□ □ □

A cup of coffee, ***please***.
커피 한 잔 주세요.

0718
count
동 세다, 계산하다

[kaunt]
□ □ □

This little girl can ***count*** from one to fifty. 이 소녀는 1에서 50까지 셀 수 있다.

0719

movie
® 영화

[múːvi]

□ □ □

The *movie* was very exciting.
그 영화는 매우 재미있었다.

0720

front
® 정면, 전방 (® back)

[frʌnt]

□ □ □

There is a garden in *front* of the
house. 집 앞에 정원이 있다.

Minimal ✱ Phrases

□ dance to the music	음악에 맞춰 **춤추다**
□ folk music	민속 **음악**
□ a paper cup	**종이컵**
□ speak clearly	분명히 **말하다**
□ drink a cup of coffee	커피를 한 잔 **마시다**
□ wait for the bus	버스를 **기다리다**
□ raise water from a well	우물에서 물을 길어 **올리다**
□ solve a problem	문제를 **풀다**
□ listen to the band playing	악대가 연주하는 것을 **듣다**
□ a school on the hill	언덕 위에 **학교**
□ worry about him	그에 대해서 **걱정하다**
□ Which is ~?	**어느 것**이 ~이니?
□ a nice woman	멋진 **여자**
□ instead of my mother	**어머니** 대신에
□ a bad student	나쁜 **학생**
□ a flower garden	**화원**
□ please the eye	눈을 **즐겁게 하다**
□ count to ten	10까지 **세다**
□ a movie star	**영화**배우
□ the front of a jacket	상의의 **앞부분**

내가 아는 단어는 몇 개인가요?

□ again
□ usual
□ neat
□ cheer
□ artist
□ strike
□ plate
□ court
□ travel
□ repair

□ study
□ guide
□ quick
□ blind
□ shore
□ sugar
□ habit
□ cash
□ merit
□ entry

_____ 개

0721
again

[əgén / əgéin]
□ □ □

⬤ 다시, 또

Inho knocked on the door *again*.
인호는 다시 문을 두드렸다.

0722
study

[stʌ́di]
□ □ □

⬤ 공부하다; 연구하다 ⬤ 공부; 연구

He is *studying* Korean history.
그는 한국 역사를 연구하고 있다.

0723
usual

[júːʒuəl]
□ □ □

⬤ 평소의, 보통의 (⬤ unusual)

This is the *usual* place we meet.
이곳이 평소 우리들이 만나는 장소이다.

0724
guide

[gaid]
□ □ □

⬤ 인도하다, 안내하다

His dog will *guide* you to his house.
그의 개는 당신을 그의 집으로 안내할 것이다.

0725

neat

[ni:t]

☐ ☐ ☐

형 산뜻한; 깔끔한 (윤 tidy)

The living room is **neat** and tidy.
거실은 깨끗하게 정돈돼 있다.

0726

quick

[kwik]

☐ ☐ ☐

형 빠른, 급한 (윤 fast 빤 slow)

He is **quick** to understand.
그는 이해가 빠르다.

0727

cheer

[tʃiər]

☐ ☐ ☐

동 기운을 돋우다, 기운을 내다

I **cheered** our team.
나는 우리 팀을 응원했다.

0728

blind

[blaind]

☐ ☐ ☐

형 눈먼 (go blind 실명하다, a blind man 맹인)

After her illness she became **blind**.
병을 앓고 난 후 그녀는 장님이 되었다.

0729

artist

[áːrtist]

☐ ☐ ☐

명 예술가, 화가

An **artist** draws pictures well.
화가는 그림을 잘 그린다.

0730

shore

[ʃɔːr]

☐ ☐ ☐

명 물가, 해안 (윤 seashore, coast)

People are sitting by the **shore**.
사람들이 바닷가에 앉아 있다.

0731

strike

[straik]

☐ ☐ ☐

동 치다; 부딪치다; 스트라이크를 하다, 파업을 하다

○ strike-struck-struck

Tom **struck** the ball with the bat.
톰은 배트로 공을 쳤다.

37일째

0732
sugar [명] 설탕
[ʃúgər]
□ □ □
Pass me the ***sugar***, please.
설탕 좀 건네주세요.

0733
plate [명] 접시
[pleit]
□ □ □
He looked at the food on his ***plate***.
그는 그의 접시에 있는 음식을 보았다.

0734
habit [명] 습관, 버릇
[hǽbit]
□ □ □
It is a good ***habit*** to get up early.
일찍 일어나는 것은 좋은 습관이다.

0735
court [명] 법정; (테니스 등의) 코트
[kɔːrt]
□ □ □
He'll appear in ***court*** today.
그는 오늘 법정에 출두할 것이다.

0736
cash [명] 현금
[kæʃ]
□ □ □
I have no ***cash*** at hand.
나는 수중에 현금이 없다.

0737
travel [명] 여행 [동] 여행하다 ([유] tour, trip)
[trǽvəl]
□ □ □
She has returned from her ***travels***.
그녀는 여행에서 돌아왔다.

0738
merit [명] 장점
[mérit]
□ □ □
His chief ***merit*** is kindness.
그의 주된 장점은 친절이다.

0739

repair

[ripéər]

□ □ □

똉 용 수선(하다), 손질(하다) (㈜ mend, fix)

They are *repairing* the roof now.
그들은 지금 지붕을 고치고 있다.

0740

entry

[éntri]

□ □ □

똉 들어감, 입장 (㈜ entrance)

No *entry*.
출입 금지.

Minimal ✦ Phrases

□ watch again	다시 보다
□ study for an exam	시험 공부를 하다
□ at the usual time	평소 시간에
□ guide to his house	그의 집으로 안내하다
□ a neat room	깨끗이 정돈된 방
□ a quick movement	빠른 동작
□ cheer my team	우리 팀을 응원하다
□ a blind man	눈먼 남자
□ a world-famous artist	세계적으로 유명한 화가
□ reach a shore	해변에 도착하다
□ strike a child	아이를 때리다
□ a sugar cube	각설탕
□ a round plate	둥근 접시
□ break a bad habit	나쁜 습관을 버리다
□ a tennis court	테니스 코트
□ pay in cash	현금으로 지불하다
□ travel the world	세계를 여행하다
□ merits and demerits	장점과 단점
□ repair a motor	모터를 수리하다
□ an entry visa	입국 비자

38일째

학습일 : ___ 월 ___ 일

내가 아는 단어는 몇 개인가요?

- ☐ rapid
- ☐ slave
- ☐ reach
- ☐ scare
- ☐ eager
- ☐ funny
- ☐ serve
- ☐ shake
- ☐ series
- ☐ tower
- ☐ level
- ☐ voice
- ☐ scene
- ☐ sheet
- ☐ leader
- ☐ runny
- ☐ waste
- ☐ brush
- ☐ baker
- ☐ shoot

_____ 개

0741

rapid [rǽpid] ☐ ☐ ☐

[형] 빠른 ([유] speedy, quick)

He is a ***rapid*** speaker.
그는 말을 빨리 한다.

0742

level [lévəl] ☐ ☐ ☐

[명] 표준, 레벨; 수평 [형] 수평의, 평평한

The ***level*** of our lessons is rather high. 우리들의 수업 수준은 약간 높은 편이다.

0743

slave [sleiv] ☐ ☐ ☐

[명] 노예

The ***slave*** was set loose.
노예가 해방되었다.

0744

voice [vɔis] ☐ ☐ ☐

[명] 목소리

She sings in a sweet ***voice***.
그녀는 아름다운 목소리로 노래한다.

0745
reach

[riːtʃ]
☐ ☐ ☐

동 도착하다 (반 start); 내밀다

He **reached** out his hand for the ball.
그는 그 공을 잡으려고 손을 쭉 뻗었다.

0746
scene

[siːn]
☐ ☐ ☐

명 장면; 풍경

The star came on the **scene**.
그 배우가 그 장면에 나왔다.

0747
scare

[skɛər]
☐ ☐ ☐

동 놀라게 하다, 겁나게 하다

You **scared** me.
너 때문에 놀랐잖아.

0748
sheet

[ʃiːt]
☐ ☐ ☐

명 시트, 까는 천; (종이 등) 한 장

She changed the **sheets** on the bed.
그녀는 침대의 시트를 갈았다.

0749
eager

[íːgər]
☐ ☐ ☐

형 열망하는; 열심인

I am **eager** to meet him and talk to him.
나는 그를 만나고 대화하기를 간절히 원한다.

0750
leader

[líːdər]
☐ ☐ ☐

명 지도자, 리더

He is the **leader** of the party.
그는 그 정당의 지도자이다.

0751
funny

[fʌ́ni]
☐ ☐ ☐

형 우스운, 재미있는

This is a **funny** story.
이것은 재미있는 이야기이다.

0752

runny

[ráni]

☐ ☐ ☐

휑 분비물이 흐르는

He has a **runny** nose.
그는 코에서 콧물이 나오고 있다.

0753

serve

[sə:rv]

☐ ☐ ☐

통 섬기다; 근무하다

He **served** his master for many years.
그는 오랫동안 주인을 섬겼다.

0754

waste

[weist]

☐ ☐ ☐

통 낭비하다, 소비하다

You had better not **waste** your money
on foolish things.
어리석은 일에 돈을 낭비하지 않는 것이 좋다.

0755

shake

[ʃeik]

☐ ☐ ☐

통 흔들다

If you **shake** the tree, the fruits will
fall.
네가 나무를 흔들면, 과일이 떨어질 것이다.

0756

brush

[brʌʃ]

☐ ☐ ☐

휑 솔, 붓, 브러시 통 솔질하다

I **brush** my teeth three times a day.
나는 하루에 세 번 이를 닦는다.

0757

series

[síəri:z]

☐ ☐ ☐

휑 일련, 시리즈

He wrote a **series** of historical facts.
그는 일련의 역사적 사실에 대해 글을 썼다.

0758

baker

[béikər]

☐ ☐ ☐

휑 빵 굽는 사람, 제빵 업자

The **baker** works late.
그 빵장수는 늦게까지 일한다.

0759

tower

[táuər]

☐ ☐ ☐

몡 탑, 타워

Have you ever visited the Seoul
tower?
서울타워에 가 본 적 있니?

0760

shoot

[ʃuːt]

☐ ☐ ☐

통 쏘다, 사격하다

○ shoot-shot-shot

The hunter *shot* at the hare with his
gun. 사냥꾼은 총으로 산토끼를 쏘았다.

Minimal ✶ Phrases

☐ **rapid growth**	**빠른** 성장
☐ **a level road**	**평탄한** 도로
☐ **a story about American slaves**	미국 **노예**에 관한 이야기
☐ **a lovely voice**	사랑스런 **목소리**
☐ **reach Seoul Station**	서울역에 **도착하다**
☐ **a beautiful scene**	아름다운 **경치**
☐ **scare easily**	**겁**이 많다
☐ **a sheet of paper**	종이 한 **장**
☐ **an eager student**	**열심히** 공부하는 학생
☐ **the leader of the group**	그룹의 **리더**[지도자]
☐ **a funny story**	**우스운** 이야기
☐ **a runny nose**	콧물이 **흐르는** 코
☐ **serve at a table**	식사 **시중을 들다**
☐ **waste time**	시간을 **허비하다**
☐ **shake a bottle**	병을 **흔들다**
☐ **paint with a brush**	**붓**으로 페인트를 칠하다
☐ **a series of victories**	**연승**
☐ **a good baker**	솜씨가 좋은 **제빵업자**
☐ **a tall tower**	높은 **탑**
☐ **shoot a gun**	총을 **쏘다**

39일째

내가 아는 단어는 몇 개인가요?

- ☐ steam
- ☐ effort
- ☐ person
- ☐ guest
- ☐ worth
- ☐ pouch
- ☐ local
- ☐ cheat
- ☐ horror
- ☐ unify

- ☐ favor
- ☐ power
- ☐ guess
- ☐ argue
- ☐ bridge
- ☐ flight
- ☐ delay
- ☐ carton
- ☐ blood
- ☐ arrive

_____ 개

0761

steam

[sti:m]

☐ ☐ ☐

명 증기

J. Watt invented the *steam* engine.
와트는 증기 기관을 발명했다.

0762

favor

[féivər]

☐ ☐ ☐

명 호의 동 호의를 나타내다

He was in *favor* of pets.
그는 애완동물에 호의적이었다.

0763

effort

[éfərt]

☐ ☐ ☐

명 노력

This way will save a lot of time and *effort*.
이 방법이 많은 시간과 노력을 덜어 줄 것이다.

0764

power

[páuər]

☐ ☐ ☐

명 힘

They lost the *power* to walk.
그들은 걸을 힘을 잃었다.

0765

person

[pə́:rsn]

□ □ □

몡 사람, 인간

He is a bad **person**.

그는 나쁜 사람이다.

0766

guess

[ges]

□ □ □

통 추측하다, 짐작하다

I **guess** she is eight years old.

나는 그녀가 8살이라고 추측한다.

0767

guest

[gest]

□ □ □

몡 (초대받은) 손님 몡 손님용의

I was his **guest** for a month.

나는 한 달 동안 그의 집에 손님으로 있었다.

0768

argue

[á:rgju:]

□ □ □

통 논하다 (⑥ discuss); 주장하다

I **argue** with my brother all the time.

나는 항상 형과 논쟁을 한다.

0769

worth

[wə:rθ]

□ □ □

몡 ~의 가치가 있는 몡 가치 (⑥ value)

It was **worth** while to read the book.

그 책은 읽을 가치가 있는 책이었다.

0770

bridge

[bridʒ]

□ □ □

몡 다리

They built a **bridge** across the river.

그들은 강에 다리를 놓았다.

0771

pouch

[pautʃ]

□ □ □

몡 (작은) 주머니

The **pouch** was made by mom.

그 주머니는 엄마가 만들었다.

0772

flight
[flait]

□ □ □

® 비행; (비행기) 편

They made a long **flight**.
그들은 장거리 비행을 했다.

0773

local
[lóukəl]

□ □ □

® 지방의, 그 지역의

The children go to the **local** school.
어린이들은 그 지역 학교에 다닌다.

0774

delay
[diléi]

□ □ □

® 미루다 ® 지연

He is anxious about her **delay**.
그는 그녀가 늦어서 걱정하고 있다.

0775

cheat
[tʃiːt]

□ □ □

® 속이다

He was **cheated** into buying a fake.
그는 가짜를 속아 샀다.

0776

carton
[káːrtən]

□ □ □

® 상자, 포장 용기

The **carton** has been opened.
상자가 개봉되어 있다.

0777

horror
[hɔ́ːrər]

□ □ □

® ® 공포(의); 혐오(의)

The officer is writing a **horror** story.
경찰관이 공포 소설을 쓰고 있다.

0778

blood
[blʌd]

□ □ □

® 피, 혈액

Have you ever given **blood**?
너 헌혈 해봤니?

0779

unify

[júːnəfài]

☐ ☐ ☐

동 통일[통합]하다

North Korea and South Korea will be **unified** in the future.

남북한은 미래에 통일될 것이다.

0780

arrive

[əráiv]

☐ ☐ ☐

동 도착하다, 다다르다 (반 leave, start)

They **arrived** late.

그들은 늦게 도착했다.

Minimal ✳ Phrases

☐ steam **heating**	**증기**난방
☐ **acknowledge** a favor	호의에 **감사하다**
☐ **spare** no efforts	**노력**을 아끼지 않다
☐ **strong** power	강한 **힘**
☐ a nice **person**	좋은 **사람**
☐ **guess** her age	그녀의 나이를 **추측하다**
☐ host and **guest**	주인과 **손님**
☐ argue **logically**	논리적으로 **주장을 펴다**
☐ be **worth** two dollars	2달러의 **가치가 있다**
☐ go **across** a bridge	**다리**를 건너다
☐ a key **pouch**	열쇠 **주머니**
☐ a **flight** to Los Angeles	LA행 **비행기**
☐ a **local** custom	**지방의** 관습
☐ an unexpected **delay**	예기치 않은 **연기**
☐ **cheat** on an examination	**커닝**을 하다
☐ a **carton** of chocolates	초콜릿 한 **상자**
☐ a **horror** movie	**공포** 영화
☐ red **blood**	붉은 **피**
☐ **unify** the country	나라를 **통일하다**
☐ **arrive** at a village	마을에 **도착하다**

40일째

학습일 : ___ 월 ___ 일

내가 아는 단어는 몇 개인가요?

☐ honor	☐ comic
☐ angry	☐ sleepy
☐ check	☐ board
☐ street	☐ fare
☐ round	☐ reply
☐ hang	☐ alike
☐ wake	☐ chew
☐ adult	☐ route
☐ junior	☐ library
☐ bread	☐ piece

_____ 개

0781

honor

[ánər / ɔ́nər]

☐ ☐ ☐

® 명예; 영광

Put **honor** before wealth.
재물보다 명예를 중시해라.

0782

comic

[kámik / kɔ́mik]

☐ ☐ ☐

® 희극의; 만화의

The **comic** book was very funny.
그 만화책이 매우 재미있었다.

0783

angry

[ǽŋgri]

☐ ☐ ☐

® 성난, 화가 난

Mother was **angry** with me.
어머니는 나에게 화가 나 있었다.

0784

sleepy

[slí:pi]

☐ ☐ ☐

® 졸리는, 졸리는 듯한

He looks very **sleepy**.
그는 대단히 졸린 듯하다.

168

0785

check

[tʃek]

□ □ □

명 점검, 대조, 체크; 수표
동 점검하다, 체크하다

Check your bills.
계산서를 점검하십시오.

0786

board

[bɔːrd]

□ □ □

명 판자, 게시판

We put a picture on the ***board***.
우리들은 게시판에 그림을 붙였다.

0787

street

[striːt]

□ □ □

명 거리

They walked along the ***street***.
그들은 거리를 따라 걸었다.

0788

fare

[fɛər]

□ □ □

명 (탈것의) 요금, 운임

The bus ***fare*** is 1,000 won a section.
버스 요금은 1구간에 1,000원이다.

0789

round

[raund]

□ □ □

형 둥근

The earth is ***round***.
지구는 둥글다.

0790

reply

[riplái]

□ □ □

동 대답하다 (윤 answer 반 ask) 명 답, 대답

She ***replied*** to my letter.
그녀는 내 편지에 답장을 주었다.

0791

hang

[hæŋ]

□ □ □

동 걸다, 매달다; 걸려 있다
(hanger 명 옷걸이)

Hang my coat on the hanger.
옷걸이에 제 코트 좀 걸어 주세요.

0792

alike

[əláik]

□ □ □

(**男**) 마찬가지로, 같게 (**형**) 서로 같은

No two men think *alike*.
두 사람의 생각이 같은 경우는 전혀 없다.

0793

wake

[weik]

□ □ □

(**동**) 잠이 깨다; 깨우다 (**반** sleep)

Wake me up at six, please.
여섯 시에 깨워 주십시오.

0794

chew

[tʃuː]

□ □ □

(**동**) 씹다

He began to *chew* on the net.
그는 망을 물어뜯기 시작했다.

0795

adult

[ədʌ́lt / ǽdʌlt]

□ □ □

(**명**) 어른; 성인 (**형**) 성인이 된; 다 자란, 어른의

An *adult* can get there in twenty
minutes on foot.
어른의 발걸음으로 거기까지 20분 걸린다.

0796

route

[ruːt / raut]

□ □ □

(**명**) 길 (**유** road, way)

We proceeded along the northerly
route. 우리는 북쪽 길을 따라 나아갔다.

0797

junior

[dʒúːnjər]

□ □ □

(**형**) 손아래의 (**명**) 손아랫사람 (**반** senior)

He is my *junior* by three years.
그는 나보다 세 살 아래다.

0798

library

[láibrèri / láibrəri]

□ □ □

(**명**) 도서관

He goes to the *library* every day.
그는 매일 도서관에 간다.

0799

bread

® 빵

[bred]

□ □ □

The beggar was begging for **bread**.
그 거지는 빵을 구걸하고 있었다.

0800

piece

® 조각

[piːs]

□ □ □

I need a **piece** of chalk.
나는 분필 한 조각이 필요하다.

Minimal ✹ Phrases

□ **value honor**	**명예**를 중시하다
□ **a comic book**	**만화**책
□ **be angry with me**	나에게 **화가 나 있다**
□ **feel sleepy**	**졸음**이 오다
□ **cash a check**	**수표**를 현금으로 바꾸다
□ **a thin board**	얇은 **판자**
□ **march along the street**	**시가행진**을 하다
□ **a railroad fare**	철도 **운임**
□ **a round table**	**둥근** 탁자
□ **reply to a letter**	편지에 **답장을 쓰다**
□ **hang a picture on the wall**	벽에 그림을 **걸다**
□ **treat all men alike**	모든 사람을 **차별 없이** 대하다
□ **wake up early in the morning**	아침 일찍 잠에서 **깨다**
□ **chew gum**	**껌**을 **씹다**
□ **an adult bear**	**다 자란** 곰
□ **an air route**	항공**로**
□ **one's junior in school**	학교의 **후배**
□ **take a book from a library**	**도서관**에서 책을 빌리다
□ **bake bread**	**빵**을 굽다
□ **a piece of bread**	빵 한 **조각**

- ☐ grape
- ☐ cloud
- ☐ winter
- ☐ horse
- ☐ cheek
- ☐ river
- ☐ ghost
- ☐ burn
- ☐ trust
- ☐ drop

- ☐ group
- ☐ couch
- ☐ under
- ☐ steak
- ☐ sleep
- ☐ greenhouse
- ☐ ready
- ☐ truly
- ☐ skill
- ☐ swap

_____ 개

0801

grape

[greip]

☐ ☐ ☐

명 포도

Grapes are picked easily.
포도는 따기 쉽다.

0802

group

[gru:p]

☐ ☐ ☐

명 무리, 모임

A *group* of children were playing in the garden.
한 무리의 어린이들이 뜰에서 놀고 있었다.

0803

cloud

[klaud]

☐ ☐ ☐

명 구름

We see a big *cloud* in the sky.
하늘에 커다란 구름이 있다.

0804

couch

[kautʃ]

☐ ☐ ☐

명 침상, 소파 (윤 sofa)

He slept on the *couch*.
그는 소파에서 잤다.

0805

winter

[wíntər]

□ □ □

명 형 겨울(의)

It snows a lot in **winter**.
겨울에는 눈이 많이 온다.

0806

under

[ʌ́ndər]

□ □ □

전 ~아래에, ~밑에

The box is **under** the table.
상자는 탁자 밑에 있다.

0807

horse

[hɔːrs]

□ □ □

명 말 (horse racing 경마, horseback riding 승마)

The sea **horse** is a very small marine animal. 해마는 아주 작은 바다 동물이다.

0808

steak

[steik]

□ □ □

명 스테이크

How do you like your **steak**?
스테이크는 어떻게 해드릴까요?

0809

cheek

[tʃiːk]

□ □ □

명 뺨, 볼

She kissed him on the **cheek**.
그녀는 그의 뺨에 키스했다.

0810

sleep

[sliːp]

□ □ □

동 자다 (반 wake) 명 잠, 수면

He **sleeps** eight hours every day.
그는 매일 8시간 잔다.

0811

river

[rívər]

□ □ □

명 강

This **river** is the longest in Korea.
이 강은 한국에서 가장 길다.

0812

greenhouse
영 온실

[grí:nhaus]

□ □ □

The plants are growing in a **greenhouse**.

온실에서 식물들이 자라고 있다.

0813

ghost
명 유령, 귀신

[goust]

□ □ □

A **ghost** walks this house.

이 집에는 귀신이 나온다.

0814

ready
형 준비가 된

[rédi]

□ □ □

Are you **ready**?

준비되었니?

0815

burn
동 불타다, 타다; 불태우다, 태우다

[bə:rn]

□ □ □

The coal is **burning**.

석탄이 타고 있다.

0816

truly
부 진실로

[trú:li]

□ □ □

He was a **truly** great politician.

그는 참으로 위대한 정치가였다.

0817

trust
동 신뢰하다, 믿다

[trʌst]

□ □ □

I can't **trust** him.

나는 그를 신뢰할 수 없다.

0818

skill
명 숙련, 능숙한 솜씨

[skil]

□ □ □

John has great **skill** in baseball.

존은 야구에 대단한 솜씨를 지녔다.

0819
drop
[동] 떨어지다, 내리다; 떨어뜨리다

[drap / drɔp]

☐ ☐ ☐

Apples ***drop*** to the ground.
사과는 땅으로 떨어진다.

0820
swap
[명] [동] 교환(하다)

[swap / swɔp]

☐ ☐ ☐

We had a ***swap*** activity.
우리는 교환 행사를 했다.

Minimal ✶ Phrases

- ☐ grape juice — 포도즙
- ☐ a group tour — 단체 여행
- ☐ a white cloud — 하얀 구름
- ☐ a couch potato — 카우치 포테이토 (소파에 앉아 여가를 보내는 사람)
- ☐ winter clothing — 겨울옷
- ☐ a bench under the tree — 나무 아래의 벤치
- ☐ ride a horse — 말을 타다
- ☐ grill a steak — 스테이크를 굽다
- ☐ rosy cheeks — 발그레한 볼
- ☐ sleep well — 잘 자다
- ☐ swim across a river — 강을 헤엄쳐 건너다
- ☐ greenhouse effect — 온실효과
- ☐ the ghost of my dead father — 죽은 아버지의 유령
- ☐ be ready to go to school — 학교에 갈 준비가 되어 있다
- ☐ burn paper — 종이를 태우다
- ☐ a truly beautiful picture — 참으로 아름다운 그림
- ☐ trust her story — 그녀의 말을 믿다
- ☐ skill in baseball — 야구 실력
- ☐ drop the price — 값을 내리다
- ☐ swap information — 정보를 교환하다

42일째

학습일 : ___ 월 ___ 일

내가 아는 단어는 몇 개인가요?

☐ often	☐ dream
☐ forest	☐ begin
☐ photo	☐ relax
☐ touch	☐ noise
☐ allow	☐ chain
☐ fever	☐ insert
☐ behind	☐ beside
☐ laugh	☐ whole
☐ shout	☐ share
☐ catch	☐ east

_____ 개

0821
often
[ɔ́:fən / áfən]
☐ ☐ ☐

🖲 자주

He *often* visits us.
그는 우리를 자주 방문한다.

0822
dream
[dri:m]
☐ ☐ ☐

📕 📗 꿈(의) 📘 꿈을 꾸다

He awoke from a *dream*.
그는 꿈에서 깨었다.

0823
forest
[fɔ́(:)rist]
☐ ☐ ☐

📕 숲, 삼림

There are many birds in the *forest*.
그 숲에는 많은 새들이 있다.

0824
begin
[bigín]
☐ ☐ ☐

📘 시작하다[되다] (📙 end, finish)

School *begins* at nine o'clock.
학교는 9시에 시작한다.

0825

photo

[fóutou]

□ □ □

명 사진 (photograph의 줄임말)

I'll take a *photo* of you.
네 사진을 찍어 줄게.

0826

relax

[riláeks]

□ □ □

동 늦추다, 완화하다; 쉬다, (긴장을) 풀다

I tried to stay *relaxed*.
나는 긴장을 풀려고 노력했다.

0827

touch

[tʌtʃ]

□ □ □

동 손대다; 감동시키다 명 접촉

I was greatly *touched* by his story.
나는 그의 이야기를 듣고 크게 감동했다.

0828

noise

[nɔiz]

□ □ □

명 시끄러운 소리, 떠드는 소리

There's so much *noise* in here.
여기는 너무 시끄럽다.

0829

allow

[əláu]

□ □ □

동 허락하다

I *allowed* her to go.
나는 그녀를 가게 했다.

0830

chain

[tʃein]

□ □ □

명 사슬; (a chain of로) 연쇄, 연속
동 사슬로 매다

He is a *chain* smoker.
그는 연거푸 담배를 피운다.

0831

fever

[fíːvər]

□ □ □

명 (병에 의한) 열, 열병

I have a slight *fever*.
나는 열이 조금 있다.

42일째

0832
insert [동] 끼워 넣다, 삽입하다
[insə́ːrt]
□ □ □
Please ***insert*** your card.
카드를 넣으세요.

0833
behind [전] ~의 뒤에
[biháind]
□ □ □
She is hiding ***behind*** the door.
그녀는 문 뒤에 숨어 있다.

0834
beside [전] ~의 옆에, 곁에
[bisáid]
□ □ □
Tom sat down ***beside*** me.
탐은 내 옆에 앉았다.

0835
laugh [동] (소리를 내어) 웃다 ([반] cry)
[læf / lɑːf]
□ □ □
They ***laughed*** merrily.
그들은 즐겁게 웃었다.

0836
whole [형] 모든, 전체의
[houl]
□ □ □
I want to eat a ***whole*** cake.
케이크를 통째로 다 먹고 싶다.

0837
shout [동] 외치다, 큰소리로 부르다 ([유] cry)
[ʃaut]
□ □ □
They ***shouted*** with joy.
그들은 기뻐서 소리를 질렀다.

0838
share [동] 분배하다, 나눠 갖다; 공유하다
[ʃɛəːr]
□ □ □
Tom ***shared*** the candy with his brother.
탐은 동생과 그 사탕을 나누어 가졌다.

0839

catch

[kætʃ]

☐ ☐ ☐

동 잡다; (차 시간에) 대다; (병에) 걸리다

○ catch-caught-caught

I have *caught* (a) cold.
나는 감기에 걸렸다.

0840

east

[iːst]

☐ ☐ ☐

명 형 동쪽(의)

Korea is in the Far *East*.
한국은 극동 지역에 있다.

Minimal ✳ Phrases

☐ **often** come to see me · 나를 **자주** 만나러 오다
☐ a **wonderful** dream · 멋진 **꿈**
☐ **camp** in a forest · **숲**에서 야영하다
☐ **begin** a test · 테스트를 **시작하다**
☐ take her **photo** · 그녀의 **사진**을 찍다
☐ **relax** at home · 집에서 **쉬다**
☐ a gentle **touch** · 가벼운 **접촉**
☐ a loud **noise** · 큰 **소리**[소음]
☐ **allow** an hour for rest · 휴식을 한 시간 **주다**
☐ keep a dog on a **chain** · 개를 **사슬**에 묶어 놓다
☐ have a high **fever** · **열**이 많다[높다]
☐ **insert** a coin · 동전을 **넣다**
☐ hide **behind** the door · 문 **뒤에** 숨다
☐ sit down **beside** me · 내 **곁에** 앉다
☐ laugh **heartily** · 실컷 **웃다**
☐ a **whole** month · **꼬박** 한 달
☐ **shout** my name · 내 이름을 **큰소리로 부르다**
☐ **share** the candy · 사탕을 **나눠 갖다**
☐ **catch** a ball · 공을 **잡다**
☐ **east** of the city · 도시의 **동쪽에**

43일째

내가 아는 단어는 몇 개인가요?

- □ west
- □ shape
- □ spark
- □ lunar
- □ agree
- □ return
- □ bottle
- □ insect
- □ slide
- □ clothe

- □ enjoy
- □ doubt
- □ focus
- □ bitter
- □ brain
- □ empty
- □ corner
- □ honey
- □ eraser
- □ locker

_____ 개

0841

west

[west]

□ □ □

명 형 서쪽(의)

My house faces *west*.
내 집은 서향이다.

0842

enjoy

[indʒɔ́i / endʒɔ́i]

□ □ □

동 즐기다, 좋아하다

Tom *enjoys* watching television.
탐은 텔레비전 보는 것을 좋아한다.

0843

shape

[ʃeip]

□ □ □

명 꼴; 모양

The *shape* of a ball is round.
공의 모양은 둥글다.

0844

doubt

[daut]

□ □ □

동 의심하다 명 의심, 의문

I *doubt* whether he will succeed.
그가 성공할지 어떨지 의심스럽다.

0845
spark

[spa:*r*k]

□ □ □

명 불꽃 동 불꽃이 튀다

The fire is *sparking* dangerously.
그 불에서 위험하게 불똥이 튄다.

0846
focus

[fóukəs]

□ □ □

명 초점; 중심 동 집중하다

Their questions *focused* on the
problem. 그들의 질문은 그 문제에 집중했다.

0847
lunar

[lú:nə*r*]

□ □ □

형 달의

That is a *lunar* rainbow.
저것은 달 무지개이다.

0848
bitter

[bítə*r*]

□ □ □

형 쓴; 모진 (반 sweet)

It's a *bitter* pill.
이것은 쓴 알약이다.

0849
agree

[əgrí:]

□ □ □

동 동의하다, 승낙하다

Jill *agreed* to Jack's proposal.
질은 잭의 제안에 동의했다.

0850
brain

[brein]

□ □ □

명 뇌

The *brain* needs a continuous supply
of blood.
두뇌는 계속적인 혈액 공급을 필요로 한다.

0851
return

[ritə́:*r*n]

□ □ □

동 돌아오다[가다]; 돌려주다[보내다]

She *returned* the book to the library.
그녀는 그 책을 도서관에 반납했다.

0852
empty [형] 빈 ([반] full)
[émpti]
□ □ □
We found an ***empty*** house.
우리는 빈 집을 발견했다.

0853
bottle [명] 병
[bátl / bɔ́tl]
□ □ □
There is an empty ***bottle*** in the kitchen.
부엌에는 빈 병이 있다.

0854
corner [명] 구석; 모퉁이
[kɔ́ːrnər]
□ □ □
I placed the chair in the ***corner*** of the room.
나는 의자를 방의 구석에 놓았다.

0855
insect [명] 곤충, 벌레
[ínsekt]
□ □ □
Ants and butterflies are ***insects***.
개미와 나비는 곤충이다.

0856
honey [명] (벌)꿀
[hʌ́ni]
□ □ □
Honey eases a cough.
꿀은 기침에 좋다.

0857
slide [동] 미끄러지다 [명] 미끄러짐; 미끄럼틀
[slaid]
□ □ □
○ slide-slid-slid
He ***slid*** down the pole.
그는 기둥을 타고 미끄러져 내려갔다.

0858
eraser [명] 지우개
[iréisər / iréizər]
□ □ □
May I use your ***eraser***?
네 지우개를 써도 되니?

0859

clothe

[klouð]

동 의복을 걸치다[입다] (윤 dress)

□ □ □

She was warmly *clothed*.
그녀는 따뜻하게 옷을 입고 있었다.

0860

locker

[lákər / lɔ́kər]

명 로커, 사물함

□ □ □

This is not your *locker*.
이건 네 로커가 아니다.

Minimal ✶ Phrases

□ a west wind	서풍
□ enjoy a game	게임을 **즐기다**
□ a round shape	둥근 **모양**
□ clear up doubts	**의심**을 풀다
□ the spark of life	생명의 **불**
□ a change of focus	**초점**의 변화
□ the lunar world	**달**나라
□ a bitter taste	**쓴** 맛
□ agree to his plan	그의 계획에 **동의하다**
□ brain cells	**뇌세포**
□ return home	집에 **돌아가다**
□ an empty box	**빈** 상자
□ a bottle of milk	우유 한 **병**
□ a building on the corner	**모퉁이**의 빌딩
□ a small insect	작은 **곤충**
□ a honey jar	**꿀**단지
□ slide on the ice	얼음 위에서 **미끄러지다**
□ a blackboard eraser	칠판**지우개**
□ clothed in wool	모직 **옷을 입고 있는**
□ an individual locker	개인용 **로커**

- ☐ closet
- ☐ office
- ☐ cheap
- ☐ queen
- ☐ chant
- ☐ picture
- ☐ family
- ☐ middle
- ☐ mouth
- ☐ house
- ☐ bring
- ☐ inside
- ☐ candle
- ☐ detail
- ☐ driver
- ☐ maybe
- ☐ lesson
- ☐ heart
- ☐ mouse
- ☐ along

＿＿＿＿ 개

0861

closet

[klázit / klɔ́zit]

☐ ☐ ☐

명 벽장, 광, 찬장

Would you get my tie out of the *closet*?

넥타이를 옷장에서 꺼내 주겠어요?

0862

bring

[briŋ]

☐ ☐ ☐

동 가져오다, 데려오다

Can I *bring* Tom with me?

탐을 데려와도 되겠니?

0863

office

[ɔ́(:)fis]

☐ ☐ ☐

명 사무실; 직장

They moved to a new *office*.

그들은 새 사무실로 이사했다.

0864

inside

[ìnsáid]

☐ ☐ ☐

분 내부에[로], 안쪽에[으로]
전 ~의 안쪽에

The ducks were put *inside* the fence.

오리가 울타리 안에 넣어졌다.

0865

cheap

[tʃiːp]

□ □ □

웹 값싼, 싼 (逃 expensive)

Cheap cars are sold here.
여기서 싼 차를 팔고 있다.

0866

candle

[kǽndl]

□ □ □

웹 양초

She put ten ***candles*** on the birthday cake.
그녀는 생일 케이크 위에 열 개의 초를 꽂았다.

0867

queen

[kwiːn]

□ □ □

웹 여왕, 왕비 (逃 king)

The wife of a king is called a ***queen***.
왕의 부인은 왕비라고 불린다.

0868

detail

[díːteil]

□ □ □

웹 세부

The artist has painted everything in great ***detail***.
화가는 아주 세밀하게 모든 것을 그렸다.

0869

chant

[tʃænt / tʃɑːnt]

□ □ □

웹 노래 (逃 song) 웹 부르다

The ***chant*** was a Gregorian chant.
그 노래는 그레고리오 성가였다.

0870

driver

[dráivər]

□ □ □

웹 운전사, 운전기사

The taxi ***driver*** was very kind to me.
운전기사가 매우 친절했다.

0871

picture

[píktʃər]

□ □ □

웹 그림; 사진

We took ***pictures*** of animals.
우리는 동물들의 사진을 찍었다.

0872
maybe

[méibi]

☐ ☐ ☐

틧 아마, 어쩌면

Maybe it's in my drawer.
아마 내 서랍 안에 있을 거다.

0873
family

[fǽməli]

☐ ☐ ☐

명 가족

My *family* is going to Seoul.
우리 가족은 서울에 갈 것이다.

0874
lesson

[lésn]

☐ ☐ ☐

명 교훈; 수업

We are taking *lessons* in English.
우리들은 영어로 수업을 받고 있다.

0875
middle

[midl]

☐ ☐ ☐

명 한가운데, 중앙

There is a large table in the *middle*.
한가운데에 큰 탁자가 있다.

0876
heart

[haːrt]

☐ ☐ ☐

명 심장, 마음

She has a kind *heart*.
그녀는 친절한 마음씨를 가지고 있다.

0877
mouth

[mauθ]

☐ ☐ ☐

명 입

Open your *mouth* wide.
입을 크게 벌려라.

0878
mouse

[maus]

☐ ☐ ☐

명 생쥐 (〈복수〉 mice)

He has a pet *mouse*.
그는 애완용 생쥐를 갖고 있다.

0879

house

[haus]

☐ ☐ ☐

몡 집 (㊀ home)

Jenny's **house** is very beautiful.
제니의 집은 매우 아름답다.

0880

along

[əlɔ́ːŋ / əlɔ́ŋ]

☐ ☐ ☐

쪤 ~을 따라서, ~을 끼고

There are trees **along** this road.
이 길을 따라 나무들이 있다.

Minimal ✳ Phrases

☐ a wall closet	벽**장**
☐ bring an umbrella	우산을 **가져오다**
☐ one's boss at the office	**직장** 상사
☐ come inside	**안으로** 들어오다
☐ a cheap dress	**싼** 옷
☐ light a candle	**초**에 불을 붙이다
☐ a beautiful queen	아름다운 **여왕**
☐ examine in detail	**상세히** 조사하다
☐ chant a spell	주문을 **외우다**
☐ a taxi driver	택시 **운전사**
☐ draw a picture	**그림**을 그리다
☐ maybe more	**아마** 그 이상
☐ a family of five	5인 **가족**
☐ a piano lesson	피아노 **레슨**
☐ the middle of the road	도로의 **중앙**
☐ a kind heart	친절한 **마음씨**
☐ a pretty mouth	예쁜 **입**
☐ a field mouse	들**쥐**
☐ a large[small] house	넓은[좁은] **집**
☐ walk along the street	길을 **따라** 걷다

45일째

학습일 : ___ 월 ___ 일

내가 아는 단어는 몇 개인가요?

□ silent	□ invite
□ above	□ review
□ hatch	□ mayor
□ worker	□ lovely
□ waiter	□ screen
□ safety	□ action
□ design	□ digital
□ future	□ decide
□ whom	□ report
□ floor	□ knock

_____ 개

0881
silent
[sáilənt]
□ □ □

[형] 조용한, 침묵의

You must keep ***silent***.
너희들은 잠자코 있어야 한다.

0882
invite
[inváit]
□ □ □

[동] 초대하다, 부르다

She ***invited*** her friends to the party.
그녀는 친구들을 파티에 초대했다.

0883
above
[əbʌ́v]
□ □ □

[전] ~의 위에 ([반] below)

Birds are flying ***above*** the trees.
새들이 나무 위를 날고 있다.

0884
review
[rivjú:]
□ □ □

[명] 재조사; 복습; 비평
[동] 다시 조사하다; 복습하다

Before the examination we must have a ***review***. 시험 보기 전에 우리는 복습해야 한다.

0885
hatch [동] 부화하다
[hætʃ]
□ □ □
A hen ***hatches*** eggs.
암탉은 달걀을 부화한다.

0886
mayor [명] 시장
[méiəːr / mɛəːr]
□ □ □
The ***mayor*** took office last month.
시장은 지난달에 취임했다.

0887
worker [명] 일하는 사람, 일꾼, 노동자
[wə́ːrkər]
□ □ □
The ***workers*** are resting now.
일꾼들은 지금 쉬고 있다.

0888
lovely [형] 사랑스러운, 귀여운; 아주 즐거운
[lʌ́vli]
□ □ □
She is a ***lovely*** girl.
그녀는 사랑스러운 소녀이다.

0889
waiter [명] 웨이터 ([반] waitress)
[wéitər]
□ □ □
He tipped the ***waiter***.
그는 웨이터에게 팁을 주었다.

0890
screen [명] (영화) 스크린, (텔레비전) 화면
[skriːn]
□ □ □
The ***screen*** is fuzzy.
화면이 흐려요.

0891
safety [명] 안전 ([반] danger)
[séifti]
□ □ □
Put on the helmet for ***safety***.
안전을 위해 헬멧을 써라.

0892
action

® 활동, 행동

[ǽkʃən]

□ □ □

The general put his idea into *action*.
그 장군은 자신의 생각을 실행에 옮겼다.

0893
design

® 디자인, 도안

[dizáin]

□ □ □

Do you have any other *designs*?
다른 디자인이 있습니까?

0894
digital

® 디지털(방식)의 (® analogue)

[dídʒitl]

□ □ □

Last week I bought a *digital* camera.
지난 주 디지털 카메라를 하나 샀다.

0895
future

® 미래, 장래 (® past) ® 미래의

[fjúːtʃər]

□ □ □

You have to do your best for the
future.
너는 미래를 위해서 최선을 다해야 한다.

0896
decide

® 결정하다, 결심하다

[disáid]

□ □ □

He *decided* to become a teacher.
그는 교사가 되기로 결심했다.

0897
whom

® 누구를

[huːm]

□ □ □

Whom did you visit yesterday?
당신은 어제 누구를 방문했습니까?

0898
report

® 보고하다, 알리다

[ripóːrt]

□ □ □

The soldier *reported* on the accident.
병사는 그 사고를 보고했다.

0899

floor

[flɔːr]

☐ ☐ ☐

몡 마루, 바닥 (맨 ceiling); (건물의) 층

The cat is on the **floor**.
고양이가 마루 위에 있다.

0900

knock

[nak / nɔk]

☐ ☐ ☐

통 두드리다, 노크하다; (세게) 치다

He **knocked** the ball with a bat.
그는 배트로 공을 쳤다.

Minimal ✦ Phrases

☐ a silent forest	조용한 숲
☐ invite a person to one's house	~을 집에 초대하다
☐ fly above the clouds	구름 위를 날다
☐ review the lessons	수업을 복습하다
☐ hatch an egg	달걀을 부화하다
☐ run for mayor of Seoul	서울시장 선거에 출마하다
☐ a hard worker	부지런한 노동자
☐ a lovely face	귀염성 있는 얼굴
☐ shout for a waiter	큰소리로 웨이터를 부르다
☐ screen editing	화면 편집
☐ traffic safety	교통안전
☐ a kind action	친절한 행동
☐ a design of roses	장미꽃 무늬의 도안
☐ go digital	디지털화되다
☐ a bright future	찬란한 장래
☐ decide what to do	무엇을 해야 할지 결정하다
☐ Whom are you waiting for?	누구를 기다리고 있습니까?
☐ report news	뉴스를 보도하다
☐ the lower floor	아래층
☐ knock on the door	문을 노크하다

내가 아는 단어는 몇 개인가요?

- ☐ blank
- ☐ owner
- ☐ blanket
- ☐ case
- ☐ judge
- ☐ ticket
- ☐ elect
- ☐ cause
- ☐ meat
- ☐ merry
- ☐ excite
- ☐ purse
- ☐ plane
- ☐ riddle
- ☐ stale
- ☐ warm
- ☐ bright
- ☐ hungry
- ☐ thirsty
- ☐ learn

_____ 개

0901

blank

[blæŋk]

☐ ☐ ☐

혱 백지의; 빈 (윤 empty)

This is a *blank* page.
이 페이지는 백지다.

0902

excite

[iksáit]

☐ ☐ ☐

동 흥분시키다, 자극하다 (윤 stimulate)

My social life is *exciting*.
나의 사회생활은 흥미진진하다.

0903

owner

[óunər]

☐ ☐ ☐

혱 소유자, 임자

You must restore lost property to its *owner*.
습득물은 주인에게 돌려주어야 한다.

0904

purse

[pəːrs]

☐ ☐ ☐

혱 지갑, 여성용 가방 (wallet 혱 남성용 지갑)

I keep my money in a *purse*.
나는 돈을 지갑에 넣어 둔다.

0905
blanket

명 모포, 담요

[blǽŋkit]

□ □ □

I got up at 6 o'clock and folded up the **blankets**.

나는 여섯 시에 일어나서 이불을 갰다.

0906
plane

명 비행기

[plein]

□ □ □

What time do we board the **plane**?

비행기 탑승은 몇 시에 시작합니까?

0907
case

명 상자, 케이스; 경우, 사정

[keis]

□ □ □

Grandpa put his glasses in a **case**.

할아버지께서는 안경을 안경집에 넣으셨다.

0908
riddle

명 수수께끼

[ridl]

□ □ □

He asked a very interesting **riddle**.

그는 퍽 재미있는 수수께끼를 냈다.

0909
judge

동 판단[판정]하다; 재판하다

[dʒʌdʒ]

□ □ □

The court **judged** him guilty.

법정은 그에게 유죄를 선고했다.

0910
stale

형 상한 (반 fresh)

[steil]

□ □ □

The popcorn is **stale**.

팝콘이 오래되어서 눅눅하다.

0911
ticket

명 표, 승차권

[tíkit]

□ □ □

Where can I get a **ticket**?

표를 어디서 구할 수 있습니까?

0912

warm
[wɔːrm]
□ □ □

형 따뜻한 (반 cool)

It is *warm* today.
오늘은 날씨가 따뜻하다.

0913

elect
[ilékt]
□ □ □

동 선거하다

He was *elected* chairman of the committee.
그는 위원회의 의장으로 선출되었다.

0914

bright
[brait]
□ □ □

형 밝은, 빛나는 (반 dark); 영리한

She is a *bright* child.
그녀는 영리한 아이다.

0915

cause
[kɔːz]
□ □ □

명 원인, 이유 동 ~의 원인이 되다; 일으키다

The rain *caused* the river to overflow.
비 때문에 강이 범람했다.

0916

hungry
[hʌ́ŋgri]
□ □ □

형 배고픈, 굶주린

A baby cries when he is *hungry*.
배가 고프면 아기는 운다.

0917

meat
[miːt]
□ □ □

명 고기

I don't like *meat*.
나는 고기를 좋아하지 않는다.

0918

thirsty
[θə́ːrsti]
□ □ □

형 목마른

Have you got any water? I'm very *thirsty*.
물 좀 있니? 목이 몹시 마르다.

0919

merry

[méri]

□ □ □

형 즐거운, 유쾌한 (반 sad)

I wish you a *merry* Christmas!
즐거운 크리스마스가 되길 바랍니다!

0920

learn

[ləːrn]

□ □ □

통 배우다, 익히다 (반 teach)

We are *learning* English.
우리는 영어를 배우고 있다.

Minimal ✱ Phrases

□ a blank tape	공 테이프
□ an exciting game	흥미진진한 경기
□ a house owner	집 주인
□ a change purse	동전 지갑
□ an electric blanket	전기담요
□ a passenger plane	여객기
□ in this case	이 경우에는
□ answer a riddle	수수께끼에 답하다
□ be hard to judge	판단하기 어렵다
□ stale bread	맛이 간 빵
□ buy a one-way ticket	편도 차표를 사다
□ a warm climate	온난한 기후
□ elect a person as chairman	의장으로 선출하다
□ a bright star	빛나는 별
□ a probable cause	그럴듯한 이유
□ be hungry all day	하루 종일 배고프다
□ cook meat	고기를 요리하다
□ be thirsty after running	달린 뒤 목이 마르다
□ a merry voice	즐거운 목소리
□ learn how to skate	스케이팅을 배우다

47일째

학습일 : ___ 월 ___ 일

내가 아는 단어는 몇 개인가요?

□ watch	□ away
□ o'clock	□ stamp
□ carry	□ drive
□ stone	□ spring
□ alone	□ title
□ doctor	□ stupid
□ police	□ chicken
□ dress	□ space
□ simply	□ secret
□ grave	□ afraid

____ 개

0921
watch [명] 시계; 손목시계 [동] 보다, 지켜보다
[watʃ / wɔːtʃ]
□ □ □
I lost my ***watch***.
나는 내 시계를 잃어버렸다.

0922
away [부] 떨어져서; 부재하여
[əwéi]
□ □ □
He is ***away*** from home.
그는 집에 없다.

0923
o'clock [부] ~시 (on the clock의 줄임말)
[əklák / əklɔ́k]
□ □ □
It is just ten ***o'clock***.
정각 10시이다.

0924
stamp [명] 우표
[stæmp]
□ □ □
I am collecting ***stamps***.
나는 우표를 수집하고 있다.

0925

carry

[kǽri]

☐ ☐ ☐

ⓢ 나르다, 운반하다, 가지고 가다

I *carry* my books in my school bag.
나는 책들을 책가방에 갖고 다닌다.

0926

drive

[draiv]

☐ ☐ ☐

ⓢ 운전하다

He *drives* a car.
그는 운전한다.

0927

stone

[stoun]

☐ ☐ ☐

ⓜ 돌

His house is made of *stone*.
그의 집은 돌로 만들어져 있다.

0928

spring

[spriŋ]

☐ ☐ ☐

ⓜ 봄 ⓢ 튀어 오르다

Spring follows winter.
봄은 겨울 다음에 온다.

0929

alone

[əlóun]

☐ ☐ ☐

ⓑ 혼자서

He came *alone*.
그는 혼자서 왔다.

0930

title

[táitl]

☐ ☐ ☐

ⓜ 제목, 표제, 타이틀

I can't remember the *title* of the film.
나는 그 영화 제목을 기억하지 못한다.

0931

doctor

[dáktər / dóktər]

☐ ☐ ☐

ⓜ 의사; 박사

When I am sick, I see a *doctor*.
나는 아플 때 의사에게 진찰을 받는다.

0932

stupid

[st(j)ú:pid]

☐ ☐ ☐

형 어리석은, 멍청한 (유 foolish 반 clever)

Don't make such a **stupid** mistake again.

다시는 그런 어리석은 잘못을 저지르지 마라.

0933

police

[pəlí:s]

☐ ☐ ☐

명 〈복수〉 경찰

Call the **police**.

경찰을 불러.

0934

chicken

[tʃíkin]

☐ ☐ ☐

명 닭

We roasted a **chicken**.

우리는 닭을 구웠다.

0935

dress

[dres]

☐ ☐ ☐

명 옷; 드레스

This **dress** is new.

이 옷은 새 것이다.

0936

space

[speis]

☐ ☐ ☐

명 공간; 우주

All the parking **spaces** are taken.

주차장이 꽉 찼군요.

0937

simply

[símpli]

☐ ☐ ☐

부 간단히; 수수하게

She was **simply** dressed.

그녀는 수수한 옷차림이었다.

0938

secret

[sí:krit]

☐ ☐ ☐

명 비밀

He always keeps a **secret**.

그는 항상 비밀을 지킨다.

0939
grave
® 무덤 (㈜tomb)

[greiv]

□ □ □

You dug your own *grave*.
스스로 네 무덤을 판 거야.

0940
afraid
® 두려워하여, 무서워하여

[əfréid]

□ □ □

Don't be *afraid* of my dog.
내 개를 무서워하지 마라.

Minimal ＊ Phrases

□ watch **TV**	텔레비전을 <u>보다</u>
□ a ship far **away**	멀리 <u>떨어진</u> 배
□ the seven o'clock **train**	7<u>시</u>발의 기차
□ put a **stamp**	<u>우표</u>를 붙이다
□ carry a **box**	상자를 <u>나르다</u>
□ drive a **car**	자동차를 <u>운전하다</u>
□ throw a **stone**	<u>돌</u>을 던지다
□ an early **spring**	<u>초봄</u>
□ live **alone**	<u>혼자서</u> 살다
□ the title **of the book**	그 책의 <u>제목</u>
□ consult the **doctor**	<u>의사</u>의 진찰을 받다
□ a stupid **person**	<u>얼빠진</u> 사람
□ a police **station**	<u>경찰서</u>
□ chicken **breast**	<u>닭</u> 가슴살
□ a white **dress**	흰색 <u>드레스</u>
□ open **space**	탁 트인 <u>공간</u>
□ live **simply**	<u>간소하게</u> 살다
□ keep a **secret**	<u>비밀</u>을 지키다
□ a grave **robber**	<u>도굴범</u>
□ be very afraid **of snakes**	뱀을 몹시 <u>무서워하다</u>

48일째

학습일 : ___ 월 ___ 일

내가 아는 단어는 몇 개인가요?

☐ paste	☐ relay
☐ matter	☐ island
☐ locate	☐ expect
☐ select	☐ invent
☐ bound	☐ airline
☐ depart	☐ asleep
☐ simple	☐ policy
☐ gather	☐ nature
☐ nation	☐ millionaire
☐ peace	☐ pocket

____ 개

0941
paste [명] 풀; 반죽 [동] 풀칠하다
[peist]
☐ ☐ ☐
She mixed the flour and water to a ***paste***.
그녀는 밀가루와 물을 섞어 반죽을 만들었다.

0942
relay [명] 교체자, 교대
[ríːlei]
☐ ☐ ☐
He is a runner in a ***relay*** team.
그는 릴레이 팀의 계주 선수이다.

0943
matter [명] 일; 문제
[mǽtəːr]
☐ ☐ ☐
This is an important ***matter***.
이것은 중요한 문제이다.

0944
island [명] 섬
[áilənd]
☐ ☐ ☐
Korea has many ***islands***.
한국에는 섬이 많다.

0945
locate [동] (어떤 장소에) 자리잡다; 찾아내다
[lóukeit]
□ □ □
The office is centrally ***located*** in Paris.
사무실은 파리의 중심부에 있다.

0946
expect [동] 기대하다
[ikspékt]
□ □ □
We are ***expecting*** a white Christmas this year.
올해 우리는 화이트 크리스마스를 기대하고 있다.

0947
select [형] 고른 [동] 고르다; 뽑다 ([유] choose)
[silékt]
□ □ □
There are over thirty dishes to ***select*** from.
30종류 이상의 요리 가운데서 고를 수 있다.

0948
invent [동] 발명하다
[invént]
□ □ □
The light bulb was ***invented*** by Edison.
전구는 에디슨에 의해 발명되었다.

0949
bound [형] 확실한; ~해야 하는; 묶인
[baund]
□ □ □
His hands were ***bound*** with rope.
그의 손은 밧줄로 묶여 있었다.

0950
airline [명] 항공 회사
[έərlàin]
□ □ □
He's an ***airline*** pilot.
그는 항공기 조종사이다.

0951
depart [동] 출발하다
[dipá:rt]
□ □ □
The train ***departed*** the station.
열차가 역을 출발했다.

0952

asleep

[əslíːp]

☐ ☐ ☐

휑 잠자는, 자고 있는

He was *asleep* at that time.
그는 그때 잠자고 있었다.

0953

simple

[símpl]

☐ ☐ ☐

휑 간단한, 쉬운; 검소한

He is living a *simple* life.
그는 검소한 생활을 하고 있다.

0954

policy

[páləsi / pɔ́ləsi]

☐ ☐ ☐

명 정책, 방침

Honesty is the best *policy*.
정직이 최선의 방책이다. 〈속담〉

0955

gather

[gǽðər]

☐ ☐ ☐

동 모으다; 수확하다; 모이다

The farmers *gathered* their crops.
농민들은 그들의 농작물을 거둬 들였다.

0956

nature

[néitʃər]

☐ ☐ ☐

명 자연

We have to conserve *nature*.
우리는 우리의 자연을 지켜야 한다.

0957

nation

[néiʃən]

☐ ☐ ☐

명 국가, 국민

How many *nations* are there in the
world?
세계에는 몇 개의 국가가 있습니까?

0958

millionaire

[míljənɛər]

☐ ☐ ☐

명 백만장자, 큰 부자 (million 명 백만)

He is in fact a *millionaire*.
그는 사실 백만장자다.

0959

peace

[pi:s]

□ □ □

명 평화 (반 war)

We want *peace*, not war.
우리들은 전쟁이 아니라 평화를 원한다.

0960

pocket

[pákit / pɔ́kit]

□ □ □

명 주머니, 포켓

I have some money in my *pocket*.
나는 주머니에 약간의 돈이 있다.

Minimal ☆ Phrases

□ cut and paste	오려 **붙이다**
□ work in relays	**교대제로** 일하다
□ a little matter	사소한 **문제**
□ a small island	작은 **섬**
□ locate a house	집을 **찾다**
□ expect help	도움을 **기대하다**
□ select the best one	가장 좋은 것을 **고르다**
□ invent a new device	새 장치를 **발명하다**
□ bound hands	**묶인** 손
□ airline tickets	**항공**권
□ depart Korea for Washington	한국을 **떠나** 워싱턴으로 향하다
□ be asleep in bed	침대에서 **잠들다**
□ a very simple problem	아주 **간단한** 문제
□ a wise policy	현명한 **정책**
□ gather evidence	증거를 **모으다**
□ return to nature	**자연**으로 돌아가다
□ build a nation	**나라**를 세우다
□ marry a millionaire	**백만장자**와 결혼하다
□ love peace	**평화**를 사랑하다
□ a pants pocket	바지 **주머니**

내가 아는 단어는 몇 개인가요?

- ☐ notice
- ☐ prison
- ☐ usage
- ☐ reuse
- ☐ forget
- ☐ singer
- ☐ ocean
- ☐ gentle
- ☐ honest
- ☐ hamburger

- ☐ failure
- ☐ lawyer
- ☐ rather
- ☐ affect
- ☐ health
- ☐ regard
- ☐ model
- ☐ double
- ☐ record
- ☐ dancer

_____ 개

0961
notice
[nóutis]
☐ ☐ ☐

동 알아차리다, 눈치 채다, 주의하다

I *noticed* a man sitting by me.
나는 내 옆에 앉아 있는 사람을 알아차렸다.

0962
failure
[féiljər]
☐ ☐ ☐

명 실패

Success came after many *failures*.
성공은 많은 실패 뒤에 왔다.

0963
prison
[prízn]
☐ ☐ ☐

명 교도소, 감옥

The thief is in *prison* now.
그 도둑은 현재 교도소에 있다.

0964
lawyer
[lɔ́ːjər]
☐ ☐ ☐

명 법률가, 변호사

His son wants to be a *lawyer*.
그의 아들은 변호사가 되고 싶어 한다.

0965

usage

[júːsidʒ]

□ □ □

몡 용법; 사용

Grammar is based on *usage*.
문법은 관용 어법에 기초한다.

0966

rather

[rǽðər / ráːðər]

□ □ □

児 오히려; 다소, 좀

I am a writer *rather* than a teacher.
나는 선생님이라기보다는 작가이다.

0967

reuse

[riːjúːz 동 /
riːjúːs 명]

□ □ □

때 다시 이용하다 몡 재사용

These waste products are sent to
special centers for *reuse*.
이러한 폐품들은 재활용 전문 센터로 보내진다.

0968

affect

[əfékt]

□ □ □

동 영향을 주다; 감동시키다

Earthquakes *affect* the weather.
지진은 날씨에 영향을 미친다.

0969

forget

[fərgét]

□ □ □

동 잊다, 생각이 나지 않다 (맨 remember)

I cannot *forget* it.
나는 그것을 잊을 수 없다.

0970

health

[helθ]

□ □ □

몡 건강

He is in good *health*.
그는 건강하다.

0971

singer

[síŋər]

□ □ □

몡 가수

The *singer* is hot these days.
그 가수가 요즘 인기가 좋다.

0972
regard [명] 관심 [동] ~으로 여기다
[rigáːrd]
□ □ □
I *regard* him as a fool.
나는 그를 바보라고 생각한다.

0973
ocean [명] 대양; 바다
[óuʃən]
□ □ □
We sailed the Indian *Ocean*.
우리들은 인도양을 항해하였다.

0974
model [명] 모형, 본; 모델
[mádl / mɔ́dl]
□ □ □
He's always been my role *model*.
그는 언제나 내 본보기가 되었다.

0975
gentle [형] 상냥한, 점잖은; 조용한
[ʤéntl]
□ □ □
A *gentle* rain was falling.
조용한 비가 내리고 있었다.

0976
double [형] 두 배의, 이중의 [명] 갑절, 두 배 [동] 배로 늘다
[dʌ́bəl]
□ □ □
This railroad has a *double* track.
이 철도선은 복선이다.

0977
honest [형] 정직한, 성실한
[ánist / ɔ́nist]
□ □ □
They are *honest* students.
그들은 정직한 학생들이다.

0978
record [동] 기록하다; 녹음[녹화]하다
[rikɔ́ːrd]
□ □ □
He *recorded* the movie.
그는 그 영화를 녹화했다.

0979
hamburger
명 햄버거

[hǽmbə̀ːrgər]
□ □ □

I ate a *hamburger* for lunch at school.
나는 학교에서 점심으로 햄버거를 먹었다.

0980
dancer
명 댄서; 무용가

[dǽnsər / dáːnsər]
□ □ □

He wanted to be a *dancer*.
그는 댄서가 되고 싶어 했다.

Minimal ※ Phrases

□ **notice a mistake**	잘못을 **알아차리다**
□ **a business failure**	사업 **실패**
□ **put in prison**	**감옥**에 넣다
□ **consult a lawyer**	**변호사**와 상의하다
□ **common usage**	일반적인 **용법**
□ **rather warm**	**좀** 따뜻하다
□ **reuse an old envelope**	낡은 봉투를 **다시 사용하다**
□ **affect business**	사업에 **영향이 미치다**
□ **forget a name**	이름을 **잊어버리다**
□ **keep my health**	**건강**을 유지하다
□ **a good singer**	훌륭한 **가수**
□ **show regard**	**관심**을 보이다
□ **a blue ocean**	파란 **바다**
□ **a new model**	새로운 **모델**
□ **a gentle heart**	**상냥**한 마음
□ **a double price**	**두 배**의 값
□ **an honest boy**	**정직**한 소년
□ **record a song on tape**	노래를 테이프에 **녹음하다**
□ **grill a hamburger**	**햄버거**를 굽다
□ **a folk dancer**	민속 **무용가**

50일째

학습일 : ___ 월 ___ 일

내가 아는 단어는 몇 개인가요?

- ☐ factory
- ☐ angel
- ☐ terrific
- ☐ borrow
- ☐ almost
- ☐ beauty
- ☐ basket
- ☐ pause
- ☐ supper
- ☐ stress
- ☐ capital
- ☐ district
- ☐ enough
- ☐ tonight
- ☐ ground
- ☐ trouble
- ☐ pianist
- ☐ repeat
- ☐ prove
- ☐ snake

_____ 개

0981
factory
[명] 공장

[fǽktəri]

☐ ☐ ☐

My father works in that car ***factory***.
아버지는 저 자동차 공장에서 일하신다.

0982
capital
[명] 수도

[kǽpətl]

☐ ☐ ☐

Seoul is the ***capital*** of Korea.
서울은 한국의 수도이다.

0983
angel
[명] 천사

[éindʒəl]

☐ ☐ ☐

She is like an ***angel***.
그녀는 천사 같다.

0984
district
[명] 지역

[dístrikt]

☐ ☐ ☐

This ***district*** is mainly residential.
이 지역은 대부분 주택가이다.

0985
terrific

[tərífik]

□ □ □

형 굉장한; 훌륭한

He is a **terrific** baseball player.
그는 야구를 굉장히 잘한다.

0986
enough

[ináf]

□ □ □

형 충분한, 넉넉한 부 충분히, 넉넉히

I have **enough** money to buy a book.
나는 책을 살 충분한 돈이 있다.

0987
borrow

[bɔ́(:)rou / bárou]

□ □ □

동 빌리다

May I **borrow** your book?
당신 책을 빌릴 수 있습니까?

0988
tonight

[tənáit]

□ □ □

형 부 오늘밤(은)

I want to go to bed early **tonight**.
나는 오늘밤 일찍 자고 싶다.

0989
almost

[ɔ́:lmoust]

□ □ □

부 거의, 대부분

It's **almost** time for the train to leave.
기차가 거의 출발할 시간이다.

0990
ground

[graund]

□ □ □

명 땅, 지면; 운동장

The **ground** of our school is large.
우리 학교 운동장은 넓다.

0991
beauty

[bjú:ti]

□ □ □

명 아름다움, 미; 미인

We were charmed with the **beauty** of
the palace.
우리는 그 궁전의 아름다움에 매혹되었다.

0992

trouble

[trʌ́bl]

☐ ☐ ☐

뗭 수고, 어려움; 성가심, 폐

I am sorry to cause you so much ***trouble***.

폐를 너무 끼쳐 미안합니다.

0993

basket

[bǽskit / báːskit]

☐ ☐ ☐

뗭 바구니

Some fruits are in the ***basket***.

약간의 과일이 바구니 안에 있다.

0994

pianist

[piǽnist / píənist]

☐ ☐ ☐

뗭 피아니스트

She is a famous ***pianist***.

그녀는 유명한 피아니스트다.

0995

pause

[pɔːz]

☐ ☐ ☐

뗭 중지 뗭 중단하다

I ***paused*** in the conversation.

나는 대화를 잠시 중지했다.

0996

repeat

[ripíːt]

☐ ☐ ☐

뗭 되풀이하다, 반복하다

Don't ***repeat*** such an error.

그런 잘못을 되풀이하지 마라.

0997

supper

[sʌ́pər]

☐ ☐ ☐

뗭 저녁식사

Supper is the last meal of the day.

저녁식사는 하루의 마지막 식사이다.

0998

prove

[pruːv]

☐ ☐ ☐

뗭 증명하다

We can ***prove*** her innocence.

우리는 그녀의 결백을 입증할 수 있다.

0999
stress 몡 압박; 강조; 스트레스

[stres]
☐ ☐ ☐

My headache is caused by *stress*.
내 두통은 스트레스 때문이다.

1000
snake 몡 뱀

[sneik]
☐ ☐ ☐

She is very afraid of *snakes*.
그녀는 뱀을 몹시 무서워한다.

Minimal ✽ Phrases

☐ **work in a** factory	**공장**에서 일하다
☐ **the capital of Korea**	한국 **수도**
☐ **a cute angel**	귀여운 **천사**
☐ **a business district**	상업 **지역**
☐ **a terrific party**	**굉장한** 파티
☐ **sleep enough**	**충분히** 자다
☐ **borrow money**	돈을 **빌리다**
☐ **tonight's television programs**	**오늘밤의** 텔레비전 프로그램
☐ **be almost ready**	**거의** 준비가 되다
☐ **sit on the ground**	**땅**에 앉다
☐ **a beauty contest**	**미인**선발대회
☐ **an engine trouble**	엔진 **고장**
☐ **carry a basket**	**바구니**를 운반하다
☐ **a born pianist**	타고난 **피아니스트**
☐ **pause for breath**	한숨 돌리기 위해 **잠깐 쉬다**
☐ **repeat news**	뉴스를 **반복하다**
☐ **a late supper**	늦은 **저녁식사**
☐ **prove conclusively**	확실하게 **증명하다**
☐ **physical stress**	육체적 **압박**
☐ **snakes bite**	**뱀**이 물다

Advanced
Stage

좀 어렵게 느껴지는 단어도 나오지만 여기에 나온 단어를 완벽하게 자
신의 것으로 만든다면 영어에 대한 자신감이 생길 것입니다.

내가 아는 단어는 몇 개인가요?

- □ wiper
- □ mess
- □ marine
- □ backpack
- □ tourist
- □ throw
- □ ahead
- □ reward
- □ certain
- □ create
- □ careful
- □ sweep
- □ traffic
- □ palace
- □ similar
- □ stand
- □ television
- □ attend
- □ valley
- □ native

_____개

1001

wiper

[wáipə:r]

□ □ □

® 닦는 사람[것]

This *wiper* is out of order.
이 와이퍼는 고장이다.

1002

careful

[kéərfəl]

□ □ □

® 주의 깊은, 조심스러운 (® careless)

She is very *careful*.
그녀는 매우 주의 깊다.

1003

mess

[mes]

□ □ □

® 혼란; 더러운 것 ® 어지럽히다

What a *mess*!
정말 지저분하구나!

1004

sweep

[swi:p]

□ □ □

® 쓸다, 비질하다

I'd like to *sweep* the floor.
나는 바닥을 쓸고 싶다.

1005
marine
[məríːn]
☐ ☐ ☐

® 바다의

I want to be a *marine* biologist some day. 나는 언젠가는 해양 생물학자가 되고 싶다.

1006
traffic
[trǽfik]
☐ ☐ ☐

® 교통(량)

The *traffic* lights turned red.
교통 신호등이 빨간색으로 바뀌었다.

1007
backpack
[bǽkpæ̀k]
☐ ☐ ☐

® 배낭

I'm carrying a *backpack*.
나는 배낭을 지니고 있다.

1008
palace
[pǽlis]
☐ ☐ ☐

® 궁전

The old *palace* is open to the public.
그 고궁은 대중에게 개방되어 있다.

1009
tourist
[túərist]
☐ ☐ ☐

® 관광객, 여행자

I'm a *tourist*.
관광객입니다.

1010
similar
[símələr]
☐ ☐ ☐

® 비슷한, 닮은

My friend and I are *similar* in character.
나와 내 친구는 성격이 비슷하다.

1011
throw
[θrou]
☐ ☐ ☐

® 던지다

Throw the ball to me.
나에게 그 공을 던져라.

1012
stand [동] 서다, 서 있다; 참다, 견디다 ([반] sit)
[stænd]
□ □ □
He was ***standing*** by the gate.
그는 문 옆에 서 있었다.

1013
ahead [부] 앞으로, 전방에
[əhéd]
□ □ □
Walk straight ***ahead***.
앞으로 곧장 가시오.

1014
television [명] 텔레비전, TV
[téləvìʒən]
□ □ □
There's nothing interesting on ***television*** this evening.
오늘 저녁의 TV는 볼 만한 프로가 없다.

1015
reward [명] 보수 [동] 보답하다
[riwɔ́ːrd]
□ □ □
They received ***rewards*** for their efforts.
그들은 노력한 보답을 받았다.

1016
attend [동] 출석하다
[əténd]
□ □ □
He ***attends*** church services on Sundays.
그는 일요일마다 예배에 참석한다.

1017
certain [형] 확실한; 어떤, 일정한
[sə́ːrtn]
□ □ □
A ***certain*** person called on you yesterday.
어떤 사람이 어제 너를 찾아왔다.

1018
valley [명] 골짜기, 계곡
[vǽli]
□ □ □
I went down the ***valley***, and crossed the river.
나는 계곡을 내려간 다음 강을 건넜다.

1019
create [동] 창조하다; 야기하다
[kriéit]
☐ ☐ ☐
Hangeul was ***created*** by King Sejong.
한글은 세종대왕에 의해 만들어졌다.

1020
native [형] 타고난, 선천적인; 고향의, 태어난
[néitiv]
☐ ☐ ☐
He returned to his ***native*** country.
그는 고국으로 돌아갔다.

Minimal Phrases

☐ a windshield wiper	차유리 **와이퍼**
☐ careful driving	**조심스러운** 운전
☐ a messed-up room	**지저분한** 방
☐ sweep up a room	방을 **쓸다**
☐ marine corps	**해**병대
☐ a traffic accident	**교통**사고
☐ go backpacking	**배낭여행**을 가다
☐ a palace of a house	**궁전** 같은 집
☐ a tourist in Seoul	서울 **관광객**
☐ be similar in character	성격이 **비슷하다**
☐ throw a fast ball	빠른 볼[속구]을 **던지다**
☐ stand still	가만히 **서 있다**
☐ move ahead	**앞으로** 이동하다
☐ watch television	**텔레비전**을 보다
☐ receive a reward	**보상**을 받다
☐ attend a meeting	모임에 **참석하다**
☐ be certain of winning the game	시합에서 이기리라고 **확신하다**
☐ a deep valley	깊숙한 **골짜기**
☐ create confusion	혼란을 **일으키다**
☐ a native talent	**타고난** 재능

내가 아는 단어는 몇 개인가요?

- ☐ billion
- ☐ service
- ☐ address
- ☐ official
- ☐ receive
- ☐ society
- ☐ height
- ☐ senior
- ☐ problem
- ☐ bicycle

- ☐ battle
- ☐ believe
- ☐ intend
- ☐ publish
- ☐ difficult
- ☐ deliver
- ☐ server
- ☐ couple
- ☐ charm
- ☐ clothes

_____ 개

1021

billion

[bíljən]

☐ ☐ ☐

® 10억

There are nine zeroes in a *billion*.
10억에는 0이 9개 있다.

1022

battle

[bǽtl]

☐ ☐ ☐

® 전투

He was killed in *battle*.
그는 전사했다.

1023

service

[sə́ːrvis]

☐ ☐ ☐

® 섬기기, 봉사; 서비스

The *service* at the hotel is good.
그 호텔의 서비스는 좋다.

1024

believe

[bilíːv]

☐ ☐ ☐

® 믿다, 신용하다

I *believe* that he is honest.
나는 그가 정직하다고 믿는다.

1025
address
[ædrés]
□ □ □

명 주소

I know her *address*.
나는 그녀의 주소를 안다.

1026
intend
[inténd]
□ □ □

동 ~할 작정이다; 의도하다

I *intend* him to be a writer.
나는 그를 작가로 만들 작정이다.

1027
official
[əfíʃəl]
□ □ □

형 공무상의, 공적인; 공식의

The President is in Greece for an *official* two-day visit. 대통령은 지금 이틀간의 공식적 방문차 그리스에 있다.

1028
publish
[pʌ́bliʃ]
□ □ □

동 발표하다; 출판하다

They *published* the book.
그들은 그 책을 출판했다.

1029
receive
[risíːv]
□ □ □

동 받다 (반 give)

I *received* a letter from my friend.
나는 내 친구에게서 편지를 받았다.

1030
difficult
[dífikʌlt / dífikəlt]
□ □ □

형 곤란한, 힘든, 어려운 (반 easy)

I solved the *difficult* problems.
나는 어려운 문제들을 풀었다.

1031
society
[səsáiəti]
□ □ □

명 사회; 회, 협회

The *society* was set up in 2000.
그 협회는 2000년에 설립되었다.

1032
deliver

[dilívər]

☐ ☐ ☐

ⓢ 배달하다

The letter was **delivered** at the wrong address.

그 편지는 엉뚱한 주소로 배달되었다.

1033
height

[hait]

☐ ☐ ☐

ⓜ 키; 높이

She's about my **height**.

그녀는 키가 거의 나만하다.

1034
server

[sə́:rvə:r]

☐ ☐ ☐

ⓜ 봉사자; 서버

The **server** is taking away a plate.

서버가 접시를 치우고 있다.

1035
senior

[sí:njər]

☐ ☐ ☐

ⓗ 손위의 ⓜ 연장자

He is eight years **senior** to me.

그는 나보다 8년 연상이다.

1036
couple

[kʌ́pl]

☐ ☐ ☐

ⓜ 한 쌍, 둘; 부부, 연인

The **couple** shouted a welcome.

두 사람은 환영하는 소리를 질렀다.

1037
problem

[prábləm /
próbləm]

☐ ☐ ☐

ⓜ 문제

It is a difficult **problem**.

그것은 어려운 문제이다.

1038
charm

[tʃa:rm]

☐ ☐ ☐

ⓜ 매력 (㊌fascination) ⓢ 매혹하다

The village has a certain **charm**.

그 마을은 뭔가 매력이 있다.

1039

bicycle

[báisikl]

□ □ □

® 자전거

Mother bought a *bicycle* for me.

어머니께서는 나에게 자전거를 한 대 사주셨다.

1040

clothes

[klouðz]

□ □ □

® 옷, 의복 (cloth 천, 옷감, clothing 의류)

Tom's mother is washing his *clothes*.

탐의 어머니께서는 그의 옷을 세탁하고 계신다.

Minimal Phrases

□ **5 billion dollars**	5**십억** 달러
□ **an air battle**	**공중전**
□ **go into service**	**봉사**[근무]하다
□ **believe his story**	그의 이야기를 **믿다**
□ **an e-mail address**	전자 우편 **주소**
□ **intend to go**	갈 **생각이다**
□ **official duties**	**공무**
□ **publish the news**	소식을 **알리다**
□ **receive a prize**	상을 **받다**
□ **a difficult answer**	**어려운** 대답
□ **a member of society**	**사회**의 일원
□ **deliver a package**	소포를 **배달하다**
□ **lose height**	**고도**를 낮추다
□ **an online server**	온라인 **서버**
□ **a senior citizen**	**웃**어른[노인]
□ **a couple of apples**	사과 **두 개**
□ **an easy problem**	쉬운 **문제**
□ **feminine charms**	여성**미**
□ **ride a bicycle**	**자전거**를 타다
□ **put on clothes**	**옷**을 입다

> 내가 아는 단어는 몇 개인가요?

- ☐ furniture
- ☐ recycle
- ☐ toward
- ☐ dozen
- ☐ social
- ☐ change
- ☐ boring
- ☐ potato
- ☐ weather
- ☐ different

- ☐ kitchen
- ☐ pattern
- ☐ thumb
- ☐ across
- ☐ during
- ☐ farmer
- ☐ lonely
- ☐ summer
- ☐ window
- ☐ source

_____ 개

1041

furniture

[fə́:rnitʃər]

☐ ☐ ☐

명 가구

I like modern-style *furniture*.
나는 현대적인 가구를 좋아한다.

1042

kitchen

[kítʃən]

☐ ☐ ☐

명 부엌

Mother cooks in the *kitchen*.
어머니께서는 부엌에서 요리를 하신다.

1043

recycle

[rì:sáikl]

☐ ☐ ☐

동 재활용하다, ~을 재생 이용하다

I collected the old newspapers to *recycle*.
지난 신문들을 재활용하기 위해 모았다.

1044

pattern

[pǽtərn]

☐ ☐ ☐

명 무늬; 양식

She's wearing a dress with a *pattern* of tiny roses. 그녀는 작은 장미꽃 무늬가 있는 드레스를 입고 있다.

1045

toward

[tɔːrd / təwɔ́ːrd]

□ □ □

전 ~쪽으로, ~을 향하여

She was walking **toward** me.
그녀는 나를 향하여 걸어오고 있었다.

1046

thumb

[θʌm]

□ □ □

명 엄지손가락

I hurt my **thumb**.
나는 엄지손가락을 다쳤다.

1047

dozen

[dʌ́zn]

□ □ □

명 12개, 다스

Pencils are sold by the **dozen**.
연필은 한 다스 단위로 판다.

1048

across

[əkrɔ́ːs]

□ □ □

전 부 ~건너편에, ~을 가로질러

The supermarket is **across** the street.
길 건너편에 슈퍼마켓이 있다.

1049

social

[sóuʃəl]

□ □ □

형 사회적인

I take part in many **social** activities.
나는 여러 사회활동에 참여한다.

1050

during

[d(j)úəriŋ / djúəriŋ]

□ □ □

전 ~동안에, ~중에

Do your homework **during** the
holidays. 휴가 동안에 숙제를 해라.

1051

change

[tʃeindʒ]

□ □ □

동 바꾸다; 바뀌다, 변하다

He **changed** his mind.
그는 마음을 바꾸었다.

1052

farmer

[fáːrmər]

□ □ □

명 농부

A *farmer* gets up early in the morning.

농부는 아침 일찍 일어난다.

1053

boring

[bɔ́ːriŋ]

□ □ □

형 지루한, 따분한

He's such a *boring* person.

그는 무척 따분한 사람이다.

1054

lonely

[lóunli]

□ □ □

형 고독한, 외로운

He lived a *lonely* life.

그는 고독한 일생을 보냈다.

1055

potato

[pətéitou]

□ □ □

명 감자

These *potatoes* peel easily.

이 감자들은 껍질이 쉽게 벗겨진다.

1056

summer

[sʌ́mər]

□ □ □

명 형 여름(의)

I went to Australia this *summer*.

이번 여름에 호주에 갔었다.

1057

weather

[wéðər]

□ □ □

명 날씨 (weather report 일기예보)

How was the *weather*?

날씨는 어땠습니까?

1058

window

[wíndou]

□ □ □

명 창문, 창

He opened the *window*.

그는 창문을 열었다.

1059
different
[형] 다른, 딴 ([반] same)

[dífərənt]

☐ ☐ ☐

A tiger is ***different*** from a lion.
호랑이는 사자와 다르다.

1060
source
[명] 원천, 근원 ([유] origin)

[sɔːrs]

☐ ☐ ☐

Oranges are a good ***source*** of vitamin C.
오렌지는 비타민 C의 좋은 공급원이다.

Minimal ✳ Phrases

- ☐ **antique furniture** 골동품 **가구**
- ☐ **cook in the kitchen** **부엌**에서 요리하다
- ☐ **recycle newspapers** 신문지를 **재활용하다**
- ☐ **the behavior patterns of teenagers** 10대들의 행동 **양식**
- ☐ **run toward the sea** 바다를 **향해** 달리다
- ☐ **suck one's thumb** **엄지손가락**을 빨다
- ☐ **pack oranges in lots of a dozen each** 오렌지를 한 **다스**씩 담다
- ☐ **run across the street** 거리를 **가로질러** 달리다
- ☐ **social environment** **사회적** 환경
- ☐ **during the summer vacation** 여름방학 **중에**
- ☐ **change the rules** 규칙을 **바꾸다**
- ☐ **become a farmer** **농부**가 되다
- ☐ **have a boring time** **지루한** 시간을 보내다
- ☐ **a lonely life** **고독한** 일생
- ☐ **weigh potatoes** **감자**의 무게를 달다
- ☐ **summer sports** **하계** 스포츠
- ☐ **fine weather** 좋은 **날씨**
- ☐ **look out of the window** **창**밖을 내다 보다
- ☐ **a different kind** **다른** 종류
- ☐ **an important source of income** 큰 수입**원**

54일째

학습일 : ___ 월 ___ 일

내가 아는 단어는 몇 개인가요?

- ☐ patient
- ☐ cousin
- ☐ number
- ☐ subject
- ☐ polite
- ☐ serious
- ☐ speech
- ☐ captain
- ☐ fasten
- ☐ course
- ☐ people
- ☐ nephew
- ☐ chance
- ☐ favorite
- ☐ history
- ☐ wonder
- ☐ project
- ☐ eastern
- ☐ before
- ☐ answer

____ 개

1061

patient [형] 참을성 있는, 인내심 있는 [명] 병자, 환자

[péiʃənt]

☐ ☐ ☐

A doctor is looking after his ***patients***.

의사가 환자들을 돌보고 있다.

1062

people [명] 사람들; 민족

[píːpl]

☐ ☐ ☐

Asia has many ***peoples***.

아시아에는 많은 민족들이 있다.

1063

cousin [명] 사촌; 친척

[kʌ́zn]

☐ ☐ ☐

My ***cousin*** swims well.

내 사촌은 수영을 잘한다.

1064

nephew [명] 조카

[néfjuː / névjuː]

☐ ☐ ☐

She has a ***nephew*** in the navy.

그녀에게는 해군에 가 있는 조카가 있다.

1065

number

[nʌ́mbər]

□ □ □

명 수, 숫자; 번호

The **number** of pupils is getting larger and larger. 학생의 수는 점점 늘고 있다.

1066

chance

[tʃæns / tʃɑ:ns]

□ □ □

명 기회; 가망

There is a **chance** that she may live. 그녀는 살 가망이 있다.

1067

subject

[sʌ́bdʒikt]

□ □ □

명 주제, 제목; (학교의) 과목, 학과

What is your favorite **subject**? 네가 가장 좋아하는 과목은 무엇이니?

1068

favorite

[féivərit]

□ □ □

형 가장 좋아하는

Who is your **favorite** singer? 가장 좋아하는 가수는 누구니?

1069

polite

[pəláit]

□ □ □

형 공손한, 정중한, 예의 바른

He is always **polite** to everyone. 그는 언제나 모든 사람에게 공손하다.

1070

history

[hístəri]

□ □ □

명 역사

He teaches **history** to us. 그는 우리에게 역사를 가르친다.

1071

serious

[síəriəs]

□ □ □

형 진지한; 중대한, (병 따위가) 심한

His injury was not **serious**. 그의 부상은 심하지 않았다.

1072

wonder

[wʌ́ndər]

☐ ☐ ☐

통 궁금해 하다, 의아해 하다

I *wonder* what happened.
나는 무슨 일이 생겼는지 궁금하다.

1073

speech

[spiːtʃ]

☐ ☐ ☐

명 연설

He made a *speech* in English.
그는 영어로 연설을 했다.

1074

project

[prádʒekt 명
prədʒékt 통]

☐ ☐ ☐

명 통 계획(하다)

He explained his *project* to me.
그는 나에게 자신의 계획을 설명했다.

1075

captain

[kǽptin]

☐ ☐ ☐

명 (팀의) 주장; 선장, 기장

The *captain* walked the deck.
선장은 갑판을 걸었다.

1076

eastern

[íːstərn]

☐ ☐ ☐

형 동쪽의

She lives in the *eastern* part of the
city. 그녀는 그 도시의 동부 지역에 살고 있다.

1077

fasten

[fǽsn / fáːsn]

☐ ☐ ☐

통 붙이다, 매다

Don't forget to *fasten* your seatbelts.
안전띠 매는 것을 잊지 마세요.

1078

before

[bifɔ́ːr]

☐ ☐ ☐

전 (시간·순서가) ~전에, ~에 앞서
(반 after) 접 ~하기 전에

Brush your teeth *before* you go to
bed. 잠자리에 들기 전에 이를 닦아라.

1079

course

[kɔːrs]

☐ ☐ ☐

웹 진행; 진로; 과정; 항로

The plane changed *course*.
그 비행기는 항로를 바꾸었다.

1080

answer

[ǽnsər / áːnsər]

☐ ☐ ☐

동 대답하다 (반 ask) 명 대답 (반 question)

She *answered* my questions.
그녀는 내 질문에 대답했다.

Minimal * Phrases

☐ a patient worker	끈기 있는 일꾼
☐ village people	마을 사람들
☐ a distant cousin	먼 친척
☐ adopt one's nephew as a son	조카를 양자로 들이다
☐ count the number of pupils	학생 수를 세다
☐ a good chance	절호의 기회
☐ change the subject	화제를 바꾸다
☐ my favorite movie star	가장 좋아하는 영화배우
☐ polite greetings	공손한 인사
☐ Korean history	한국 역사
☐ a serious illness	중병
☐ wonder when she will come	그녀가 언제 올지 궁금하다
☐ a speech at the meeting	모임에서의 연설
☐ a research project	연구 계획
☐ the captain of our team	우리팀 주장
☐ Eastern ideas	동양 사상
☐ fasten buttons	단추를 잠그다
☐ before it gets dark	어두워지기 전에
☐ change course	진로를 바꾸다
☐ a correct answer	정답

55일째

내가 아는 단어는 몇 개인가요?

- □ always
- □ energy
- □ concert
- □ minute
- □ culture
- □ liberty
- □ several
- □ another
- □ advice
- □ abroad
- □ global
- □ breath
- □ station
- □ birthday
- □ statue
- □ custom
- □ special
- □ present
- □ divide
- □ country

_____ 개

1081
always
[ɔ́ːlweiz]
□ □ □

(부) 항상, 늘, 언제나

Always wash your hands before you eat. 식사하기 전에 항상 손을 씻어라.

1082
global
[glóubəl]
□ □ □

(형) 세계적인

The problem of hunger is of *global* importance.
기아 문제는 세계적으로 중요하다.

1083
energy
[énərdʒi]
□ □ □

(명) 정력, 활기, 에너지

He is full of *energy*.
그는 활력이 넘쳐흐른다.

1084
breath
[breθ]
□ □ □

(명) 호흡, 숨 (breathe (동) 호흡하다)

I took a deep *breath* and jumped into the water.
나는 심호흡을 하고 물속에 뛰어들었다.

230

1085
concert [명] 콘서트, 음악회, 연주회

[kánsə(:)rt / kɔ́nsə(:)rt]
□ □ □

The *concert* will be held next Sunday.
음악회는 다음 일요일에 열린다.

1086
station [명] 정거장, 역

[stéiʃən]
□ □ □

Show me the way to the *station*.
역으로 가는 길을 알려주시오.

1087
minute [명] 분; 잠깐, 순간

[mínit]
□ □ □

One *minute* is sixty seconds.
1분은 60초이다.

1088
birthday [명] 생일

[bə́:rθdèi]
□ □ □

Happy *birthday* to you!
생일 축하합니다!

1089
culture [명] 문화

[kʌ́ltʃər]
□ □ □

I want to experience more *culture*.
더 많은 문화를 경험하고 싶다.

1090
statue [명] 상(像), 조각상

[stǽtʃu:]
□ □ □

There is a *statue* of MacArthur in Incheon city.
인천시에는 맥아더 동상이 있다.

1091
liberty [명] 자유 ([유] freedom)

[líbə:rti]
□ □ □

Give me *liberty*, or give me death!
자유가 아니면 죽음을 달라!

1092
custom [명] 관습, 습관
[kʌ́stəm]
□ □ □
I followed the American ***custom***.
나는 미국의 관습을 따랐다.

1093
several [형] 몇 개의, 여럿의 ([유] some)
[sévərəl]
□ □ □
He has ***several*** shirts.
그는 몇 벌의 셔츠가 있다.

1094
special [형] 특별한, 특수한
[spéʃəl]
□ □ □
We eat ***special*** food on New Year's Day.
우리는 설날에 특별한 음식을 먹는다.

1095
another [대] 또 하나, 또 한 사람
[ənʌ́ðər]
□ □ □
Give me ***another***.
하나 더 주세요.

1096
present [명] 선물 [형] 출석한 ([반] absent)
[prézənt]
□ □ □
All the pupils were ***present***.
학생들 모두가 출석했다.

1097
advice [명] 충고, 조언
[ædváis / ədváis]
□ □ □
I want to give you some ***advice***.
몇 마디 충고를 하겠다.

1098
divide [동] 나누다
[diváid]
□ □ □
The stream ***divides*** the field.
실개천이 밭을 가르고 있다.

1099
abroad [부] 외국에[으로] ([반] home)

[əbrɔ́ːd]

☐ ☐ ☐

I shall go ***abroad*** next month.
나는 내달에 외국에 간다.

1100
country [명] 나라, 국가; (the country로) 시골, 지방

[kʌ́ntri]

☐ ☐ ☐

India is a large ***country***.
인도는 큰 나라이다.

Minimal ✱ Phrases

☐ always late	언제나 지각하는
☐ global warming	지구 온난화
☐ great energy	큰 에너지
☐ take a deep breath	심호흡하다
☐ hold a concert	콘서트를 열다
☐ arrive at the station	역에 도착하다
☐ five minutes to three	3시 5분전
☐ my fifteenth birthday	나의 15번째 생일
☐ Korean food culture	한국 음식 문화
☐ a statue of a lion	사자의 상
☐ the Liberty Bell	자유의 종
☐ Korean customs	한국인의 관습
☐ several fish	몇 마리의 물고기
☐ a special train	특별 열차
☐ in another moment	다음 순간에
☐ a birthday present	생일 선물
☐ give advice	충고를 하다
☐ divide in two	둘로 나누다
☐ travel abroad	해외여행을 하다
☐ live in the country	시골에서 살다

내가 아는 단어는 몇 개인가요?

☐ opinion	☐ bakery
☐ picnic	☐ soccer
☐ correct	☐ around
☐ wrong	☐ theater
☐ beach	☐ usually
☐ breakfast	☐ parent
☐ daughter	☐ month
☐ bored	☐ magic
☐ engine	☐ village
☐ forever	☐ sleeve

____ 개

1101

opinion

[əpínjən]

☐ ☐ ☐

® 의견, 견해

In my *opinion*, you're wrong.
내 생각으로는 네가 그르다.

1102

bakery

[béikəri]

☐ ☐ ☐

® 빵집; 제과점

There is a famous *bakery* in the town.
그 마을에는 유명한 빵집이 있다.

1103

picnic

[píknik]

☐ ☐ ☐

® 피크닉, 소풍

We went on a *picnic* last Sunday.
우리는 지난 일요일에 소풍을 갔다.

1104

soccer

[sάkər / sɔ́kər]

☐ ☐ ☐

® 축구 (⑨ football)

Soccer first started in England.
축구는 영국에서 최초로 시작되었다.

1105

correct

[kərékt]

□ □ □

휑 정확한, 옳은

That clock shows the **correct** time.
저 시계는 정확한 시간을 가리키고 있다.

1106

around

[əráund]

□ □ □

쩐 ~의 주위에, ~을 에워싸고

We sat **around** the table.
우리는 탁자 주위에 앉았다.

1107

wrong

[rɔːŋ / raŋ]

□ □ □

휑 나쁜; 틀린 (맨 right)

You're **wrong**.
네가 틀렸다.

1108

theater

[θíːətər]

□ □ □

휑 극장, 영화관

Is there a movie **theater** around here?
이 근처에 극장이 있습니까?

1109

beach

[biːtʃ]

□ □ □

휑 해변, 바닷가 (shore 휑 해안, coast
휑 해안, seaside 휑 바닷가)

We sang a song on the **beach**.
우리는 해변에서 노래를 불렀다.

1110

usually

[júːʒuəli]

□ □ □

분 보통, 대개

He **usually** eats bread for breakfast.
그는 아침식사로 대개 빵을 먹는다.

1111

breakfast

[brékfəst]

□ □ □

휑 아침식사, 조반 동 조반을 먹다

Tom has **breakfast** at seven o'clock.
탐은 7시에 아침을 먹는다.

1112

parent

[pɛ́ərənt]

□ □ □

몡 어버이; 〈복수〉 양친

She cooked dinner for her *parents*.
그녀는 부모님을 위해 저녁식사를 준비했다.

1113

daughter

[dɔ́:tər]

□ □ □

몡 딸 (반 son)

He married my *daughter*.
그는 내 딸과 결혼했다.

1114

month

[mʌnθ]

□ □ □

몡 달, 월; 1개월

January is the first *month* of the year.
1월은 1년의 첫 번째 달이다.

1115

bored

[bɔ:rd]

□ □ □

몡 지루한; 싫증나는

His lecture *bored* us.
그의 강의는 우리를 짜증나게 했다.

1116

magic

[mǽdʒik]

□ □ □

몡 마술 몡 마술의

My uncle is very good at performing *magic*. 아저씨는 마술 부리기를 아주 잘한다.

1117

engine

[éndʒən]

□ □ □

몡 엔진, 발동기, 기관

Its *engine* has been repaired.
그 차의 엔진이 수리되었다.

1118

village

[vílidʒ]

□ □ □

몡 마을

I was born in a small *village*.
나는 작은 마을에서 태어났다.

1119
forever
⬚ 영원히, 영구히

[fərévər]
□ □ □

I will love my parents *forever*.
우리 부모님을 영원히 사랑할 것이다.

1120
sleeve
⬚ 소매

[sliːv]
□ □ □

She pulled me by the *sleeve*.
그녀는 내 소매를 잡아당겼다.

Minimal ✦ Phrases

□ my opinion about this	이것에 대한 나의 **의견**
□ bread and bakery products	빵 및 **제과**제품
□ a picnic in the park	공원에서의 **피크닉**
□ play soccer	**축구**를 하다
□ a correct answer	**정확한** 대답
□ sit around the fire	불 **주위에** 둘러앉다
□ a wrong answer	**틀린** 답
□ a small theater	작은 **극장**
□ play on the beach	**해변**에서 놀다
□ usually get up at six	**보통** 6시에 일어나다
□ after breakfast	**아침식사** 후
□ lose one's parents	**양친**을 여의다
□ an only daughter	외동**딸**
□ last month	지난 **달**
□ bored to death	**지루해서** 죽을 것 같은
□ a magic trick	**마술**의 속임수
□ a steam engine	증기 **기관**
□ a quiet village	조용한 **마을**
□ love you forever	**영원히** 너를 사랑한다
□ long sleeves	긴 **소매**

237

57일째

학습일 : ___ 월 ___ 일

내가 아는 단어는 몇 개인가요?

□ fiction	□ dentist
□ soldier	□ choose
□ partner	□ border
□ quickly	□ rude
□ float	□ telephone
□ nothing	□ wheel
□ triangle	□ airport
□ because	□ curve
□ pound	□ drain
□ rinse	□ weed

_____ 개

1121
fiction [명] 소설; 꾸민 이야기

[fíkʃən]
□ □ □

Truth is stranger than ***fiction***.
사실은 소설보다 기이하다.

1122
dentist [명] 치과의사 ([유] dental surgeon)

[déntist]
□ □ □

The ***dentist*** pulled my tooth.
치과의사가 내 이를 뽑았다.

1123
soldier [명] 군인, 병사

[sóuldʒər]
□ □ □

The ***soldiers*** will fight bravely.
군인들은 용감히 싸울 것이다.

1124
choose [동] 뽑다, 고르다; 결정하다 (~to do)

[tʃuːz]
□ □ □

choose-chose-chosen

We ***chose*** to go to the sea.
우리는 바다에 가기로 결정했다.

1125
partner
[pá:rtnər]
□ □ □

[명] (함께 활동하는) 상대; 파트너

I played tennis with my ***partner***.
나는 파트너와 테니스를 쳤다.

1126
border
[bɔ́:rdər]
□ □ □

[명] 가장자리, 경계, 국경
[동] ~에 접하다, ~에 테를 두르다

The steep path is the sole access to the ***border***.
가파른 그 길이 국경으로 가는 유일한 방법이다.

1127
quickly
[kwíkli]
□ □ □

[부] 빨리, 급히 ([반] slowly)

The trees grow ***quickly***.
그 나무들은 빨리 자란다.

1128
rude
[ru:d]
□ □ □

[형] 무례한, 버릇없는

He is a ***rude*** fellow.
그는 예의를 모른다.

1129
float
[flout]
□ □ □

[동] 뜨다

Oil will ***float*** on water.
기름은 (으레) 물 위에 뜬다.

1130
telephone
[téləfòun]
□ □ □

[명] 전화; 전화기

There is a ***telephone*** on the table.
탁자 위에 전화기가 있다.

1131
nothing
[nʌ́θiŋ]
□ □ □

[대] 아무 것도, 하나도

I have ***nothing***.
나는 아무것도 가지고 있지 않다.

1132

wheel

[(h)wi:l]

☐ ☐ ☐

몡 바퀴; (the~) 핸들

I turned the *wheel* the wrong way.
나는 핸들을 반대로 돌렸다.

1133

triangle

[tráiæŋɡəl]

☐ ☐ ☐

몡 삼각형

A *triangle* has three sides.
삼각형에는 세 개의 변이 있다.

1134

airport

[ɛ́ərpɔ̀ːrt]

☐ ☐ ☐

몡 공항, 비행장

Do you know where the *airport* is?
공항이 어디에 있는지 아십니까?

1135

because

[bikɔ́ːz]

☐ ☐ ☐

젭 왜냐하면, ~때문에

He was late *because* he missed the
bus. 버스를 놓쳤기 때문에 그는 늦었다.

1136

curve

[kəːrv]

☐ ☐ ☐

몡 곡선

The girl drew a *curve* on the paper.
소녀는 종이에 곡선을 그렸다.

1137

pound

[paund]

☐ ☐ ☐

몡 파운드 〈무게 단위, 약 454그램〉;
영국의 화폐 단위

I have two *pounds* in my purse.
내 지갑에 2파운드가 있다.

1138

drain

[drein]

☐ ☐ ☐

됭 배수하다

They *drained* the water out of the
basement.
그들은 지하실에서 물을 빼냈다.

1139

rinse

[rins]

□ □ □

몡 헹구기 동 헹구다

Rinse the pasta with boiling water.
파스타를 끓는 물에 헹구십시오.

1140

weed

[wiːd]

□ □ □

몡 잡초 동 잡초를 뽑다

Please ***weed*** the garden.
정원의 잡초를 뽑아주십시오.

Minimal Phrases

□ popular fiction	대중 **소설**
□ go to the dentist	**치과**에 가다
□ a brave soldier	용감한 **군인**
□ choose a reference book	참고서를 **고르다**
□ help the partner	**파트너**를 돕다
□ the inter-Korean border	남북한 **접경**
□ get well quickly	**빨리** 좋아지다
□ a rude manner	**무례한** 태도
□ float in the air	공중에 **떠오르다**
□ answer the telephone	**전화**를 받다
□ a box with nothing in it	**아무것도** 안 든 상자
□ the front wheel	**앞바퀴**
□ a regular triangle	정**삼각형**
□ meet at the airport	**공항**에서 만나다
□ because it rained hard	비가 몹시 왔기 **때문에**
□ a curve on a graph	그래프의 **곡선**
□ a pound of sugar	1**파운드**의 설탕
□ a well-drained city	**배수시설이** 잘된 도시
□ rinse one's mouth with salt water	소금물로 **양치질하다**
□ pull out weeds	**잡초**를 뽑다

58일째

내가 아는 단어는 몇 개인가요?

- ☐ cough
- ☐ weekly
- ☐ collect
- ☐ neither
- ☐ famous
- ☐ treasure
- ☐ holiday
- ☐ harvest
- ☐ against
- ☐ haircut

- ☐ crowd
- ☐ subway
- ☐ terrible
- ☐ popular
- ☐ perfect
- ☐ mistake
- ☐ pepper
- ☐ excited
- ☐ reason
- ☐ throat

_____ 개

1141

cough

[kɔ(:)f / kaf]
☐ ☐ ☐

명 기침

This medicine will ease your *cough*.
이 약을 먹으면 기침이 가라앉을 것이다.

1142

crowd

[kraud]
☐ ☐ ☐

명 군중, 다수

There were big *crowds* of people in the theater.
극장 안은 많은 군중으로 가득 차 있었다.

1143

weekly

[wíːkli]
☐ ☐ ☐

형 매주의

This is a *weekly* newspaper.
이것은 주간 신문이다.

1144

subway

[sʌ́bwei]
☐ ☐ ☐

명 지하철; 지하도

The *subway* is crowded.
지하철이 혼잡하다.

242

1145
collect
[kəlékt]
□ □ □
[동] 모으다, 수집하다
My hobby is ***collecting*** stamps.
내 취미는 우표수집이다.

1146
terrible
[térəbl]
□ □ □
[형] 끔찍한, 심한; 무서운
I had a ***terrible*** cold last week.
나는 지난 주 지독한 감기에 걸렸다.

1147
neither
[níːðər / náiðər]
□ □ □
[부] (neither ~ nor …로) 어느 쪽도 ~아니다
I know ***neither*** his father nor his mother.
나는 그의 아버지도 어머니도 모른다.

1148
popular
[pápjələr / pɔ́pjulər]
□ □ □
[형] 인기 있는; 대중적인
Tom is ***popular*** with children.
탐은 아이들에게 인기가 있다.

1149
famous
[féiməs]
□ □ □
[형] 유명한, 이름난 ([유] well-known) (fame [명] 명성)
The singer is ***famous***.
그 가수는 유명하다.

1150
perfect
[pə́ːrfikt]
□ □ □
[형] 완전한, 완벽한, 나무랄 데 없는
His English paper was ***perfect***.
그의 영어 답안은 나무랄 데가 없었다.

1151
treasure
[tréʒər]
□ □ □
[명] 보물, 보배 [동] 소중히 하다
That old temple has many ***treasures***.
저 오래된 절에는 많은 보물이 있다.

1152
mistake
[mistéik]
□ □ □

몡 실수, 잘못

That is my *mistake*.
그건 내 실수야.

1153
holiday
[hálədèi]
□ □ □

몡 휴일, 휴가

I'm on *holiday* next week.
나는 다음 주에 휴가다.

1154
pepper
[pépər]
□ □ □

몡 후추; 고추

Pepper makes food hot.
후추는 음식에 매운 맛을 낸다.

1155
harvest
[háːrvist]
□ □ □

몡 수확, 거두어들임
동 수확하다, 거두어들이다

Autumn is the *harvest* season.
가을은 추수의 계절이다.

1156
excited
[iksáitid]
□ □ □

혱 흥분한

Everyone was *excited*.
모두들 들떠 있었다.

1157
against
[əgénst / əgéinst]
□ □ □

젼 ~을 거슬러; ~에 부딪혀

The car ran *against* a rock.
그 자동차는 바위에 부딪쳤다.

1158
reason
[ríːzn]
□ □ □

몡 이유, 원인, 까닭

She suddenly left without any *reason*.
그녀는 별 이유 없이 갑자기 떠났다.

1159

haircut

[hɛɔ́rkÀt]

□ □ □

⑱ 이발, 커트

You need a *haircut*.
너 머리 깎아야겠다.

1160

throat

[θrout]

□ □ □

⑱ 목(구멍)

Smoking is bad for your *throat*.
흡연은 목에 좋지 않다.

Minimal ✶ Phrases

□ cough medicine	기침약
□ a large crowd	많은 군중
□ a weekly magazine	주간지
□ a subway station	지하철역
□ collect stamps	우표를 수집하다
□ a terrible accident	무시무시한 사고
□ neither read nor write	읽지도 쓰지도 못하다
□ a popular novel	대중적인 소설
□ a famous picture	유명한 그림
□ a perfect answer	완벽한 대답
□ a national treasure	나라의 보물
□ make a mistake	실수하다
□ a national holiday	국경일
□ red pepper	붉은 고추
□ a good harvest	풍작
□ an excited crowd	흥분한 관중
□ be against the plan	계획에 반대하다
□ the reason for his success	그의 성공 이유
□ have a haircut	이발을 하다
□ have a sore throat	목구멍이 아프다

내가 아는 단어는 몇 개인가요?

- [ ] period
- [ ] century
- [ ] dialog
- [ ] belong
- [ ] control
- [ ] nervous
- [ ] general
- [ ] alphabet
- [ ] important
- [ ] dangerous
- [ ] except
- [ ] strange
- [ ] stream
- [ ] lately
- [ ] helpful
- [ ] phrase
- [ ] memory
- [ ] possible
- [ ] purpose
- [ ] refuse

____ 개

1161

period

[píəriəd]

□ □ □

명 기간, 시기; (학교의) 수업시간

He stayed there for a short *period*.
그는 잠시 동안 그 곳에 머물렀다.

1162

century

[séntʃəri]

□ □ □

명 세기, 백년

This building was built in the nineteenth *century*.
이 빌딩은 19세기에 지어졌다.

1163

dialog

[dáiəlɔ̀:g]

□ □ □

명 대화

Dramas are written in *dialog*.
드라마는 대화로 쓰인다.

1164

belong

[bilɔ́:ŋ]

□ □ □

동 속하다, ~의 소유이다

That dictionary *belongs* to me.
그 사전은 나의 것이다.

1165
control [동] 지배하다, 관리하다
[kəntróul]
□ □ □
I could not ***control*** my tears.
나는 눈물을 억제할 수가 없었다.

1166
nervous [형] 신경의; 신경질의, 초조한
[nə́ːrvəs]
□ □ □
I am always ***nervous*** before giving a speech.
나는 연설 전에는 항상 초조하다.

1167
general [명] 장군 [형] 일반의
[ʤénərəl]
□ □ □
The ***general*** put his idea into action.
그 장군은 자신의 생각을 실행에 옮겼다.

1168
alphabet [명] 알파벳
[ǽlfəbèt]
□ □ □
There are twenty-six letters in the English ***alphabet***.
영어 알파벳에는 26자가 있다.

1169
important [형] 중요한, 귀중한
[impɔ́ːrtənt]
□ □ □
It is ***important*** to study hard.
열심히 공부하는 것은 중요하다.

1170
dangerous [형] 위험한, 위태로운 ([반] safe)
[déindʒərəs]
□ □ □
It is ***dangerous*** to cross that street.
저 길을 건너는 것은 위험하다.

1171
except [전] ~을 제외하고는, ~이외는
[iksépt]
□ □ □
We go to school every day ***except*** Sunday.
우리는 일요일을 빼고는 매일 학교에 간다.

1172
strange
[streindʒ]
□ □ □

형 이상한, 기묘한; 낯선

Her manner is very *strange*.
그녀의 태도는 아주 이상하다.

1173
stream
[stri:m]
□ □ □

명 시내, 개울; (사람·물건의) 흐름

We went to the *stream* to catch fish.
우리는 고기를 잡으러 개울에 갔다.

1174
lately
[léitli]
□ □ □

분 요즈음, 최근에

I haven't seen Jane *lately*.
난 최근에 제인을 못 봤다.

1175
helpful
[hélpfəl]
□ □ □

형 도움이 되는 (윤 useful)

This book was very *helpful*.
이 책은 상당히 유용했다.

1176
phrase
[freiz]
□ □ □

명 어구

He answered in carefully chosen
phrases.
그는 신중히 선택한 어구로 답했다.

1177
memory
[méməri]
□ □ □

명 기억(력); 추억

She has a bad *memory*.
그녀는 기억력이 나쁘다.

1178
possible
[pásəbl / pɔ́səbl]
□ □ □

형 가능한 (반 impossible)

It is *possible* to reach the top of the
mountain.
그 산꼭대기에 도달하는 것은 가능하다.

1179

purpose

명 목적, 의도

[pə́ːrpəs]

□ □ □

What is the *purpose* of studying English?

영어를 공부하는 목적은 무엇입니까?

1180

refuse

통 거절하다, 거부하다 (반 accept)

[rifjúːz]

□ □ □

I *refused* her gift.

나는 그녀의 선물을 거절했다.

Minimal Phrases

□ **a short period**	짧은 **기간**
□ **the 20th century**	20세기
□ **the Dialogs of Plato**	플라톤의 **대화편**
□ **belong to this club**	클럽에 **속하다**[회원이다]
□ **under control**	**통제**되는
□ **be nervous about the exam**	시험 때문에 **초조하다**
□ **the general public**	**일반** 대중
□ **say the alphabet backward**	**알파벳**을 거꾸로 말하다
□ **an important event**	**중대** 사건
□ **a dangerous dog**	**위험한** 개
□ **everyone except one**	한 사람만 **제외하고** 모두
□ **a strange sound**	**이상한** 소리
□ **across a stream**	**냇물**을 건너
□ **till lately**	**최근**까지
□ **a helpful person**	**도움이 되는** 사람
□ **a noun phrase**	명사**구**
□ **a good memory**	좋은 **기억**
□ **possible solutions**	**가능한** 해결책
□ **purpose of the visit**	방문 **목적**
□ **refuse a bribe**	뇌물을 **거절하다**

60일째

학습일 : ___ 월 ___ 일

내가 아는 단어는 몇 개인가요?

- [ ] freedom
- [ ] anyway
- [ ] useful
- [ ] various
- [ ] wisdom
- [ ] remove
- [ ] material
- [ ] achieve
- [ ] structure
- [ ] earnest

- [ ] notebook
- [ ] square
- [ ] foolish
- [ ] church
- [ ] emperor
- [ ] prepare
- [ ] anytime
- [ ] checkup
- [ ] cultural
- [ ] summit

1181
freedom
[fríːdəm]
명 자유

The price of **freedom** is responsibility.
자유의 대가는 책임이다.

1182
notebook
[nóutbùk]
명 공책, 노트

Do you have a **notebook**?
너는 노트를 가지고 있니?

1183
anyway
[éniwèi]
부 아무튼

Anyway, I have to go now. See you.
아무튼 지금 가야만 해. 나중에 보자.

1184
square
[skwéər]
명 정사각형

The pupil is drawing a **square** on the paper.
그 학생은 종이에 정사각형을 그리고 있다.

1185
useful

[jú:sfəl]

□ □ □

휑 쓸모 있는, 유용한, 유익한 (탠 useless)

This book is very **useful** for mothers.
이 책은 어머니들에게 아주 유용하다.

1186
foolish

[fú:liʃ]

□ □ □

휑 바보 같은, 멍청이의 (탠 wise)

It is **foolish** to play in the rain.
빗속에서 노는 것은 바보 같은 짓이다.

1187
various

[véəriəs]

□ □ □

휑 여러 가지의, 다양한

There were **various** types of pants.
가게에는 여러 종류의 바지가 있었다.

1188
church

[tʃəːrtʃ]

□ □ □

휑 교회, 예배당

They go to **church** on Sunday.
그들은 일요일에 교회에 간다.

1189
wisdom

[wízdəm]

□ □ □

휑 현명, 지혜

I think **wisdom** is the most important
to a king.
나는 지혜가 왕에게 가장 중요하다고 생각한다.

1190
emperor

[émpərər]

□ □ □

휑 황제

He was a Roman **Emperor**.
그는 로마 황제였다.

1191
remove

[rimú:v]

□ □ □

휑 옮기다; 제거하다

Could you see if you can **remove** it?
그것을 제거해 주실 수 있는지 봐주시겠어요?

251

1192
prepare

[pripéər]

☐ ☐ ☐

동 준비하다; (식사 등을) 만들다

Mother is **preparing** breakfast in the kitchen.
어머니가 부엌에서 아침밥을 짓고 계시다.

1193
material

[mətíəriəl]

☐ ☐ ☐

명 재료 형 물질의

This house is built of good **materials**.
이 집은 좋은 재료를 썼다.

1194
anytime

[énitàim]

☐ ☐ ☐

부 언제든지

Please call on me **anytime**.
언제든지 방문해 주십시오.

1195
achieve

[ətʃíːv]

☐ ☐ ☐

동 이루다 (유 accomplish)

You can't **achieve** everything overnight.
하룻밤에 모든 것을 이룰 수는 없다.

1196
checkup

[tʃékʌ̀p]

☐ ☐ ☐

명 대조; 점검

It requires further **checkup**.
그것은 더 검토할 필요가 있다.

1197
structure

[strʌ́ktʃəːr]

☐ ☐ ☐

명 구조; 건물

That is an old wood **structure**.
그것은 오래된 목재 구조물이다.

1198
cultural

[kʌ́ltʃərəl]

☐ ☐ ☐

형 문화의; 교양의

The two countries make **cultural** exchanges.
그 두 나라는 문화 교류를 하고 있다.

1199

earnest   📝 진지한, 열심인

[ɔ́:rnist]

□ □ □

She wore an **earnest** expression.
그녀는 진지한 표정을 지었다.

1200

summit   📝 정상; 절정 (⊕ peak)

[sʌ́mit]

□ □ □

I reached the **summit** of happiness.
나는 행복의 절정에 도달했다.

Minimal ✴ Phrases

□ **freedom of speech**	언론의 **자유**
□ **write in a notebook**	**공책**에 적다
□ **Thank you anyway.**	**어쨌든** 감사합니다.
□ **draw a square**	**정사각형**을 그리다
□ **a useful animal**	**유용한** 동물
□ **a foolish boy**	**어리석은** 소년
□ **various flowers**	**여러 가지** 꽃
□ **go to church**	**교회**에 가다
□ **a fountain of wisdom**	**지혜**의 원천
□ **emperor worship**	**황제** 숭배
□ **remove furniture**	가구를 **운반하다**
□ **prepare for a trip**	여행 **준비를 하다**
□ **material civilization**	**물질**문명
□ **leave anytime**	**언제라도** 떠나다
□ **achieve victory**	승리를 **거두다**
□ **a medical checkup**	건강 **진단**
□ **the structure of a government**	정치 **기구**
□ **cultural studies**	**교양** 과목
□ **an earnest worker**	**성실히** 일하는 사람
□ **reach a summit**	**정상**에 이르다

61 일째

내가 아는 단어는 몇 개인가요?

- ☐ produce
- ☐ shelter
- ☐ engineer
- ☐ science
- ☐ director
- ☐ anyone
- ☐ depend
- ☐ without
- ☐ stretch
- ☐ jealous

- ☐ direction
- ☐ straight
- ☐ gesture
- ☐ hospital
- ☐ quarter
- ☐ symbol
- ☐ among
- ☐ already
- ☐ honesty
- ☐ greedy

_____ 개

1201

produce

[prəd(j)úːs]
☐ ☐ ☐

동 생산하다, 제조하다

Much wool is *produced* in Australia.
많은 양털이 오스트레일리아에서 생산된다.

1202

direction

[dirékʃən / dairékʃən]
☐ ☐ ☐

명 방향, 방위; 지시

He did the work under my *direction*.
그는 내 지시 하에 그 일을 했다.

1203

shelter

[ʃéltər]
☐ ☐ ☐

명 피난처 동 피난하다

Many people had to move into *shelters*.
많은 사람들이 피난처로 옮겨가야 했다.

1204

straight

[streit]
☐ ☐ ☐

형 곧은, 똑바른 부 똑바로, 직접적으로

Go *straight* ahead down this street.
이 길을 똑바로 가시오.

254

1205
engineer [명] 기사, 엔지니어
[èndʒəníər]
□ □ □
He is an electric ***engineer***.
그는 전기 기사다.

1206
gesture [명] 몸짓, 손짓, 제스처
[ʤéstʃər]
□ □ □
He made the ***gestures*** of a monkey.
그는 원숭이 흉내를 냈다.

1207
science [명] 과학
[sáiəns]
□ □ □
We study ***science*** at school.
우리는 학교에서 과학을 공부한다.

1208
hospital [명] 병원
[háspitl / hɔ́spitl]
□ □ □
Mom took me to the ***hospital***.
엄마는 나를 데리고 병원에 갔다.

1209
director [명] 지도자; 감독
[diréktər / dairéktər]
□ □ □
He is an art ***director*** in France.
그는 프랑스에서 미술 감독이다.

1210
quarter [명] 4분의 1, 15분
[kwɔ́:rtər]
□ □ □
There is a ***quarter*** of an orange left.
오렌지의 4분의 1이 남아 있다.

1211
anyone [대] 누군가, 누구든지
[éniwʌ̀n]
□ □ □
Is ***anyone*** absent?
누군가 결석했습니까?

61일째

1212
symbol ㊔ 상징; 기호

[símbəl]

□ □ □

The dove is a ***symbol*** of peace.
비둘기는 평화의 상징이다.

1213
depend ㊐ ~에 의하다, ~여하에 달려 있다; ~을 의지하다

[dipénd]

□ □ □

I can ***depend*** on him.
나는 그에게 안심하고 의지할 수 있다.

1214
among ㊑ ~중에, 사이에

[əmʌ́ŋ]

□ □ □

Mary is the most beautiful girl ***among*** us.
우리들 중에서 메리가 제일 예쁘다.

1215
without ㊑ ~없이, ~하지 않고

[wiðáut / wiθáut]

□ □ □

We can't live ***without*** water.
우리는 물 없이는 살 수 없다.

1216
already ㊕ 이미, 벌써 (㊒ yet)

[ɔːlrédi]

□ □ □

The giant was ***already*** fast asleep.
그 거인은 이미 깊은 잠에 빠져 있었다.

1217
stretch ㊐ 퍼지다, 뻗치다 ㊔ 뻗침, 연속

[stretʃ]

□ □ □

The player ***stretched*** out his arms to catch the ball.
그 선수는 공을 잡으려고 팔을 뻗쳤다.

1218
honesty ㊔ 정직

[ánisti]

□ □ □

His ***honesty*** was proved.
그의 정직함이 증명되었다.

1219
jealous
[dʒéləs]
☐ ☐ ☐

⟨형⟩ 샘[질투] 많은

He is *jealous* of my success.
그는 나의 성공을 질투하고 있다.

1220
greedy
[gríːdi]
☐ ☐ ☐

⟨형⟩ 욕심 많은, 탐욕스러운

He is *greedy* for money and power.
그는 돈과 권력에 탐욕을 부린다.

Minimal ✳ Phrases

☐ **produce cars**	자동차를 **만들다**
☐ **a good sense of direction**	좋은 **방향** 감각
☐ **a shelter from the rain**	비를 **피하는 곳**
☐ **a straight line**	**직**선
☐ **an electrical engineer**	전기 **기사**
☐ **an angry gesture**	화난 **몸짓**
☐ **a teacher of science**	**과학** 선생님
☐ **a general hospital**	종합 **병원**
☐ **a musical director**	뮤지컬 **감독**
☐ **a quarter of a cake**	케이크의 **4분의 1**
☐ **sing better than anyone else**	**누구**보다도 노래를 잘 부르다
☐ **a phonetic symbol**	발음 **기호**
☐ **depend on the weather**	날씨에 **달려 있다**
☐ **a house among the trees**	나무들 **사이의** 집
☐ **drink coffee without cream**	크림 **없이** 커피를 마시다
☐ **already dark**	**이미** 어두워진
☐ **stretch out on a bed**	침대에 팔다리를 **펴고** 눕다
☐ **a man of honesty**	**정직한** 사람
☐ **a jealous husband**	**질투심 많은** 남편
☐ **greedy for money and power**	돈과 권력을 **탐하는**

257

62일째

내가 아는 단어는 몇 개인가요?

☐ wooden	☐ suddenly
☐ college	☐ genius
☐ diligent	☐ branch
☐ textbook	☐ railroad
☐ festival	☐ climate
☐ vehicle	☐ shower
☐ sneakers	☐ modern
☐ between	☐ surprise
☐ hundred	☐ thousand
☐ percent	☐ spread

_____ 개

1221
wooden
[wúdn]
☐ ☐ ☐

혱 나무의

We live in a **wooden** house.
우리는 목조 가옥에서 산다.

1222
suddenly
[sʌ́dnli]
☐ ☐ ☐

뷰 돌연, 갑자기

Suddenly she screamed.
갑자기 그녀는 소리쳤다.

1223
college
[kálidʒ]
☐ ☐ ☐

혱 (단과)대학 (university 혱 (종합)대학교)

My brother goes to **college**.
나의 형은 대학에 다닌다.

1224
genius
[dʒíːnjəs]
☐ ☐ ☐

혱 천재

Einstein was a **genius**.
아인슈타인은 천재였다.

1225
diligent

[dílədʒənt]

☐ ☐ ☐

형 근면한 (반 lazy)

He is more **diligent** than his brother.
그는 그의 동생보다 더 근면하다.

1226
branch

[bræntʃ / braːntʃ]

☐ ☐ ☐

형 나뭇가지; 지점

Two birds are sitting on the **branch**.
두 마리의 새가 나뭇가지 위에 앉아 있다.

1227
textbook

[tékstbùk]

☐ ☐ ☐

명 교과서

This is a new **textbook**.
이것은 새 교과서이다.

1228
railroad

[réilròud]

☐ ☐ ☐

명 형 철도(의)

We live close by the **railroad**.
우리는 기찻길 옆에 산다.

1229
festival

[féstəvəl]

☐ ☐ ☐

명 축제, 축제일

They held a memorial **festival**.
그들은 기념 축제를 열었다.

1230
climate

[kláimit]

☐ ☐ ☐

명 기후

The **climate** influences crops.
기후는 농작물에 영향을 끼친다.

1231
vehicle

[víːikəl]

☐ ☐ ☐

명 탈것, 운송 수단

Automobiles, bicycles, and planes are
vehicles.
자동차, 자전거, 비행기는 운송 수단들이다.

62일째

1232

shower
[ʃáuər]
□ □ □

명 샤워; 소나기

I am taking a **shower**.
나는 샤워를 하고 있다.

1233

sneakers
[sníːkəːrz]
□ □ □

명 운동화

He's wearing a shirt, jeans, and **sneakers**.
그는 셔츠에 청바지를 입고, 운동화를 신고 있다.

1234

modern
[mádərn / mɔ́dərn]
□ □ □

형 근대의, 현대적인 (반 old)

He studies the **modern** history of Korea. 그는 한국 근대사를 공부한다.

1235

between
[bitwíːn]
□ □ □

전 (보통 둘 사이) ~의 사이에

Tom is sitting **between** Mary and Sumi. 탐은 메리와 수미 사이에 앉아 있다.

1236

surprise
[sərpráiz]
□ □ □

동 놀라게 하다

Tom is going to **surprise** Jim.
탐은 짐을 놀래 주려고 하고 있다.

1237

hundred
[hándrəd]
□ □ □

명 형 100(의)

It costs a dollar or a **hundred** cents.
그것은 1달러 즉 100센트이다.

1238

thousand
[θáuzənd]
□ □ □

명 형 1,000(의)

The ticket costs students seven **thousand** won.
학생용 입장권은 7,000원이다.

1239
percent [명] 퍼센트, 백분율

[pərsént]

☐ ☐ ☐

You have to be in the top ten ***percent*** of your class.
학급 석차가 10% 안에는 들어야 한다.

1240
spread [동] 펴다; 퍼지다

[spred]

☐ ☐ ☐

She ***spread*** the cloth on the table.
그녀는 테이블 위에 테이블보를 폈다.

Minimal ✱ Phrases

☐ a wooden hammer	나무망치
☐ stop suddenly	갑자기 멈추다
☐ a business college	경영 대학
☐ a genius in mathematics	수학의 천재
☐ a diligent student	성실한 학생
☐ break a branch	나뭇가지를 꺾다
☐ an English textbook	영어 교과서
☐ a railroad accident	철도 사고
☐ a school festival	학교 축제
☐ a mild climate	온화한 기후
☐ a motor vehicle	자동차
☐ a heavy shower	폭우
☐ a pair of sneakers	운동화 한 켤레
☐ modern language	현대어
☐ a secret between you and me	너와 나 사이의 비밀
☐ be surprised at the news	그 소식을 듣고 놀라다
☐ a few hundred	수백
☐ three thousand pounds	3천 파운드
☐ a hundred percent silk dress	100 퍼센트 실크 옷
☐ spread a map	지도를 펴다

63일째

학습일 : ___ 월 ___ 일

내가 아는 단어는 몇 개인가요?

- ☐ plenty
- ☐ regular
- ☐ outside
- ☐ system
- ☐ bottom
- ☐ breathe
- ☐ cartoon
- ☐ unhappy
- ☐ anything
- ☐ season
- ☐ illness
- ☐ cleaner
- ☐ however
- ☐ building
- ☐ uniform
- ☐ happen
- ☐ become
- ☐ handsome
- ☐ airplane
- ☐ scissors

____ 개

1241

plenty [명] 풍부, 넉넉함

[plénti]

☐ ☐ ☐

I have had ***plenty***.

많이 먹었습니다[이제 충분합니다].

1242

illness [명] 병 ([반] health)

[ílnis]

☐ ☐ ☐

His ***illness*** is serious.

그의 병은 심각하다.

1243

regular [형] 정기적인; 규칙적인

[régjələːr]

☐ ☐ ☐

Eating ***regular*** meals is good for health.

규칙적인 식사를 하는 것은 건강에 좋다.

1244

cleaner [명] 청소기

[klíːnər]

☐ ☐ ☐

I need a vacuum ***cleaner***.

진공청소기가 필요하다.

1245
outside

[àutsáid]

□ □ □

得 바깥에 (빤 inside) 쩐 ~의 밖에

It's quite dark *outside*.
바깥은 꽤 어둡다.

1246
however

[hauévər]

□ □ □

得 그렇지만; 아무리 ~해도

His mind, *however*, did not change.
그렇지만 그의 마음은 변하지 않았다.

1247
system

[sístəm]

□ □ □

명 제도; 조직, 체계; 방법

The welfare *system* of that country is not working well.
그 나라의 복지제도는 잘 운영되고 있지 않다.

1248
building

[bíldiŋ]

□ □ □

명 빌딩, 건물

Our school is a four-story *building*.
우리 학교는 4층 건물이다.

1249
bottom

[bátəm / bɔ́təm]

□ □ □

명 아랫부분, 밑바닥 (빤 top)

Look at the *bottom* of page 40.
40페이지의 아랫부분을 보시오.

1250
uniform

[júːnəfɔ̀ːrm]

□ □ □

명 제복, 유니폼

Wear your *uniforms* in school.
학교에서는 교복을 입어라.

1251
breathe

[bríːð]

□ □ □

동 호흡하다

We can *breathe* fresh air in the country.
시골에서는 신선한 공기를 호흡할 수 있다.

1252
happen [동] 생기다, 일어나다
[hǽpən]
□ □ □
What has ***happened*** to my bicycle?
내 자전거에 무슨 일이 생겼니?

1253
cartoon [명] (시사풍자) 만화
[kaːrtúːn]
□ □ □
I like to look at the ***cartoon*** in the newspaper.
나는 신문에서 시사만화 보는 것을 좋아한다.

1254
become [동] ~이 되다
[bikʌ́m]
□ □ □
He ***became*** a scientist.
그는 과학자가 되었다.

1255
unhappy [형] 불행한, 슬픈 ([반] happy)
[ʌnhǽpi]
□ □ □
She looked ***unhappy***.
그녀는 불행해 보였다.

1256
handsome [형] (용모 등이) 잘생긴, 핸섬한
[hǽnsəm]
□ □ □
He is a ***handsome*** youth.
그는 미남 청년이다.

1257
anything [대] 〈긍정문〉 무엇이든지; 〈부정문〉 아무 것도
[éniθìŋ]
□ □ □
If ***anything*** happens, let me know.
무슨 일이 일어나면 내게 알려라.

1258
airplane [명] 비행기 (〈영〉 aeroplane)
[ɛ́ərplèin]
□ □ □
An ***airplane*** is flying in the sky.
비행기가 하늘을 날고 있다.

1259
season [명] 계절
[síːzn]
□ □ □
There are four ***seasons*** in a year.
1년에 4계절이 있다.

1260
scissors [명] 〈복수취급〉 가위
[sízəːrz]
□ □ □
These ***scissors*** cut well.
이 가위는 잘 든다.

Minimal ★ Phrases

□ plenty of milk	많은 우유
□ bodily illness	육체적인 병
□ regular classes	정규 수업
□ a vacuum cleaner	진공청소기
□ play outside	밖에서 놀다
□ however rich one may be	아무리 부자더라도
□ an educational system	교육 제도
□ a tall building	높은 빌딩
□ the bottom of a river	강바닥
□ wear a uniform	유니폼을 입다
□ breathe fresh air	신선한 공기를 들이마시다
□ an accident happens	사고가 일어나다
□ see a cartoon	만화영화를 보다
□ become a doctor	의사가 되다
□ an unhappy death	불행한 죽음
□ a handsome boy	잘생긴 소년
□ anything one likes	아무 것이나 좋아하는 것
□ an airplane bound for London	런던행 비행기
□ the summer season	여름철
□ cut with scissors	가위로 자르다

64일째

学習일 : ___ 월 ___ 일

내가 아는 단어는 몇 개인가요?

☐ medium	☐ excuse
☐ article	☐ finally
☐ easily	☐ harmful
☐ weapon	☐ northern
☐ southern	☐ common
☐ exactly	☐ autumn
☐ ancestor	☐ calendar
☐ relative	☐ mid-term
☐ pilgrim	☐ tumble
☐ tremble	☐ waitress

_____ 개

1261
medium
[míːdiəm]
☐ ☐ ☐

휑 중간의 몡 수단; 중간, 평균치

I'd like my steak *medium*.
스테이크를 중간 정도로 구워 주시오.

1262
excuse
[ikskjúːz]
☐ ☐ ☐

동 용서하다, 참아주다

He *excused* my fault.
그는 나의 잘못을 용서했다.

1263
article
[áːrtikl]
☐ ☐ ☐

몡 (신문·잡지의) 기사; 물품 (유 item)

His *article* was left out for want of space.그가 쓴 기사는 공간이 부족하여 제외되었다.

1264
finally
[fáinəli]
☐ ☐ ☐

뿌 최후에, 마침내

Finally, the game was over.
드디어 경기가 끝났다.

266

1265
easily [부] 쉽게, 수월하게
[í:zili]
□ □ □
I could do the test ***easily***.
나는 그 시험을 쉽게 치를 수 있었다.

1266
harmful [형] 해로운
[há:rmfəl]
□ □ □
Ozone can be ***harmful*** to people.
오존은 사람들에게 해로울 수 있다.

1267
weapon [명] 무기
[wépən]
□ □ □
Guns are dangerous ***weapons***.
총은 위험한 무기이다.

1268
northern [형] 북쪽에 있는
[nɔ́:rðə:rn]
□ □ □
The ***northern*** part of the country is mountainous.
그 나라의 북부는 산이 많다.

1269
southern [형] 남쪽의
[sʌ́ðə:rn]
□ □ □
The river falls into the ***southern*** sea.
그 강은 남쪽 바다로 흘러든다.

1270
common [형] 보통의, 평범한; 공통의
[kámən / kɔ́mən]
□ □ □
I have nothing in ***common*** with him.
나는 그와 공통된 점이 전혀 없다.

1271
exactly [부] 정확하게
[igzǽktli]
□ □ □
The twins look ***exactly*** the same.
그 쌍둥이는 정말 똑같다.

1272
autumn
[ɔ́ːtəm]
□ □ □

몡 〈영〉 가을 (〈미〉 fall)

The sky is high in *autumn*.
가을에는 하늘이 높다.

1273
ancestor
[ǽnsestər]
□ □ □

몡 조상 (맨 descendant)

His *ancestors* came from Spain.
그의 선조는 스페인 출신이다.

1274
calendar
[kǽləndər]
□ □ □

몡 캘린더, 달력

A big *calendar* is hanging on the wall.
큰 달력이 벽에 걸려 있다.

1275
relative
[rélətiv]
□ □ □

몡 친척 몡 비교상의; 상대적인

She is my distant *relative*.
그녀는 나의 먼 친척이다.

1276
mid-term
[míd təːrm]
□ □ □

몡 몡 중간(의)

My *mid-term* exam is only a couple of days away.
중간고사가 겨우 이틀 정도밖에 남지 않았다.

1277
pilgrim
[pílgrim]
□ □ □

몡 순례자

The *pilgrims* failed to find the place to settle.
순례자들은 정착할 곳을 찾는 데 실패했다.

1278
tumble
[tʌ́mbəl]
□ □ □

몡 넘어지다, 떨어지다

She slipped and *tumbled*.
그녀는 미끄러졌다.

1279

tremble
[trémbəl]
□ □ □

동 떨다

She *trembled* at the sound.
그녀는 그 소리에 몸을 떨었다.

1280

waitress
[wéitris]
□ □ □

명 웨이트리스, 여급

The *waitress* served the salad.
여종업원은 샐러드를 내왔다.

Minimal Phrases

□ a medium size	중간 크기
□ excuse a fault	잘못을 용서하다
□ an article made by the company	그 회사에서 만든 물건
□ get a job finally	마침내 직장을 구하다
□ find the place easily	쉽게 장소를 찾다
□ be harmful to health	건강에 해롭다
□ a deadly weapon	흉기
□ a Northern European	북유럽 사람
□ the southern sea	남쪽 바다
□ common sense	상식
□ at exactly six o'clock	정각 6시에
□ a clear autumn day	맑은 가을 날씨
□ ancestor worship	조상 숭배
□ a desk calendar	책상용 달력
□ a near relative	가까운 친척
□ a mid-term exam	중간고사
□ Muslim pilgrims	이슬람교 순례자들
□ tumble down the stairs	계단에서 굴러 떨어지다
□ tremble with fear	공포로 떨다
□ an unfriendly waitress	불친절한 웨이트리스

학습일 : ___ 월 ___ 일

- ☐ conquer
- ☐ though
- ☐ scenery
- ☐ manager
- ☐ everyone
- ☐ inventor
- ☐ example
- ☐ medicine
- ☐ yourself
- ☐ stomach

- ☐ besides
- ☐ twinkle
- ☐ machine
- ☐ clothing
- ☐ bathtub
- ☐ message
- ☐ imagine
- ☐ express
- ☐ sneeze
- ☐ sightseeing

_____ 개

1281

conquer	동 정복하다
[kánkər / kɔ́ŋkər]	He wants to **conquer** the world.
☐ ☐ ☐	그는 이 세상을 정복하고 싶어 한다.

1282

besides	부 그 밖에 전 ~외에도
[bisáidz]	He speaks French **besides** English.
☐ ☐ ☐	그는 영어 외에도 불어를 말한다.

1283

though	접 비록 ~이지만 부 그러나
[ðou]	**Though** I failed, I will try again.
☐ ☐ ☐	비록 실패했지만 나는 다시 시도하겠다.

1284

twinkle	동 반짝반짝 빛나다 명 반짝임
[twíŋkəl]	She said it with a **twinkle** in her eyes.
☐ ☐ ☐	그녀는 눈을 반짝이며 그 말을 했다.

1285
scenery

[sí:nəri]

□ □ □

몡 풍경, 경치

The **scenery** is incredible.
경치가 굉장히 좋다.

1286
machine

[məʃí:n]

□ □ □

몡 혱 기계(의)

All these **machines** work.
이 기계들은 모두 작동한다.

1287
manager

[mǽnidʒər]

□ □ □

몡 지배인, 경영자; 감독, 매니저

He was a respectable **manager**.
그는 존경할 만한 관리자였다.

1288
clothing

[klóuðiŋ]

□ □ □

몡 의복

He wears simple **clothing**.
그는 검소한 옷을 입는다.

1289
everyone

[évriwʌ̀n]

□ □ □

때 모든 사람, 모두

Everyone can have a ball.
누구나 다 공을 가질 수 있다.

1290
bathtub

[bǽθtʌ̀b / bá:θtʌ̀b]

□ □ □

몡 목욕통, 욕조

I scrubbed the **bathtub**.
나는 욕조를 닦았다.

1291
inventor

[invéntər]

□ □ □

몡 발명자

Who is the **inventor** of the telephone?
전화를 발명한 사람은 누구니?

1292

message

[mésidʒ]

□ □ □

⊕ 메시지, 전하는 말

I have a *message* for you.
당신에게 전할 말이 있습니다.

1293

example

[igzǽmpl]

□ □ □

⊕ 보기, 예; 모범; 견본

He gave them a good *example*.
그는 그들에게 좋은 본을 보여 주었다.

1294

imagine

[imǽdʒin]

□ □ □

⊕ 상상하다, ~이라고 생각하다

I can't *imagine* who said such a thing.
그런 것을 누가 말했는지 상상할 수 없다.

1295

medicine

[médəsən /
médsən]

□ □ □

⊕ 약

I take *medicine* every day.
나는 매일 약을 먹는다.

1296

express

[iksprés]

□ □ □

⊕ (감정을) 표현하다, 나타내다

We *express* our feelings by words.
우리는 감정을 말로 나타낸다.

1297

yourself

[juəːrsélf]

□ □ □

⊕ 당신 자신 (〈복수〉 yourselves)

You must not go by *yourself*.
혼자 가서는 안 돼.

1298

sneeze

[sniːz]

□ □ □

⊕ ⊕ 재채기(하다)

She let out a loud *sneeze*.
그녀가 크게 재채기를 했다.

1299
stomach [명] 위, 복부
[stʌ́mək]
□ □ □

My ***stomach*** feels full.
배가 빵빵하다.

1300
sightseeing [명] 관광
[sáitsìːiŋ]
□ □ □

We went ***sightseeing*** to Niagara Falls.
우리는 나이아가라 폭포에 관광을 갔다.

Minimal Phrases

□ **conquer an enemy**	적을 **정복하다**
□ **besides me**	나 **말고도**
□ **though the heavens fall**	천지개벽이 **일어나도**
□ **stars twinkling in the sky**	하늘에 **반짝이는** 별들
□ **beautiful scenery**	아름다운 **풍경**
□ **work a machine**	**기계**를 다루다
□ **a stage manager**	무대 **감독**
□ **food, clothing, and shelter**	**의**식주
□ **everyone in the room**	방에 있는 **모든 사람**
□ **refill a bathtub**	**욕조**의 물을 갈다
□ **a born inventor**	타고난 **발명가**
□ **bring a message**	**메시지**를 전하다
□ **show an example**	**본**을 보이다
□ **imagine the scene clearly**	그 장면을 선명하게 **상상하다**
□ **a medicine for a cold**	감기**약**
□ **express one's feelings**	감정을 **표현하다**
□ **know yourself**	**너 자신**을 알다
□ **coughs and sneezes**	기침과 **재채기**
□ **on an empty stomach**	공**복** 때의
□ **city sightseeing**	시내 **관광**

내가 아는 단어는 몇 개인가요?

☐ suggest	☐ impress
☐ version	☐ section
☐ human	☐ balloon
☐ include	☐ sentence
☐ anymore	☐ nobody
☐ anybody	☐ someone
☐ something	☐ everybody
☐ everyday	☐ semester
☐ increase	☐ moment
☐ practice	☐ provide

_____ 개

1301

suggest

[səgdʒést]

☐ ☐ ☐

통 암시하다; 제안하다 (유 propose)

He *suggested* a hike, and we agreed.
그는 도보 여행을 제안했고, 우리는 동의했다.

1302

impress

[imprés]

☐ ☐ ☐

통 인상을 주다, 감동시키다

The story *impressed* me very much.
그 이야기는 나에게 무척 감동을 주었다.

1303

version

[və́ːrʒən / və́ːrʃən]

☐ ☐ ☐

명 판, 버전

He read Tolstoy's works in English *versions*.
그는 톨스토이의 작품을 영역본으로 읽었다.

1304

section

[sékʃən]

☐ ☐ ☐

명 부분, 부서, (책의) 절; (도시의) 구역

There are many *sections* in this office.
이 사무실에는 많은 부서가 있다.

1305
human

[hjúːmən / hjúːmən]

☐ ☐ ☐

형 인간의, 인간적인

The movie is a touching **human** drama.

그 영화는 감동적인 인간 드라마이다.

1306
balloon

[bəlúːn]

☐ ☐ ☐

명 기구; 풍선

Air leaked out of the **balloon**.

풍선에서 공기가 빠져나갔다.

1307
include

[inklúːd]

☐ ☐ ☐

동 포함하다, 넣다

The class **includes** several foreign students.

그 학급은 몇몇의 외국인 학생을 포함하고 있다.

1308
sentence

[séntəns]

☐ ☐ ☐

명 문(文); 문장

Read the **sentence**, please.

그 문장을 읽어 주세요.

1309
anymore

[ènimɔ́ːr]

☐ ☐ ☐

부 이제는 (동 now); 더이상 (동 any more)

He is not sick **anymore**.

그는 더 이상 아프지 않다.

1310
nobody

[nóubàdi / nóubàdi]

☐ ☐ ☐

대 아무도 ~않다

Nobody knows him.

아무도 그를 알지 못한다.

1311
anybody

[énibàdi / énibàdi]

☐ ☐ ☐

대 〈부정문·의문문〉 누군가, 아무도; 〈긍정문〉 누구든지

Anybody can solve the problem.

누구든 그 문제를 풀 수 있다.

275

1312

someone

[sámwʌ̀n]

□ □ □

ⓓ 누군가, 어떤 사람

Someone is knocking on the door.
누군가 문을 두드리고 있다.

1313

something

[sámθiŋ]

□ □ □

ⓓ 무언가, 어떤 것

Give me *something* to eat.
무엇인가 먹을 것을 주십시오.

1314

everybody

[évribàdi /
évribʌ̀di]

□ □ □

ⓓ 누구나 다, 모두

Everybody was in the class.
모두 교실에 있었다.

1315

everyday

[évridèi]

□ □ □

ⓗ 매일의; 일상의

The Internet has become part of
everyday life.
인터넷은 일상생활의 일부가 되었다.

1316

semester

[siméstər]

□ □ □

ⓜ (1년 2학기제 대학의) 한 학기

I'm preparing for the second
semester. 나는 2학기를 준비하고 있어.

1317

increase

[inkríːs]

□ □ □

ⓥ 늘다; 증가하다, 늘리다; 증가시키다

The number of cars has *increased*
recently.
최근에 차량의 숫자가 증가하고 있다.

1318

moment

[móumənt]

□ □ □

ⓜ 잠시, 잠깐, 순간

Can I speak to you for a *moment*?
잠시만 얘기를 해도 되겠습니까?

1319
practice [동] 연습하다; 행하다, 실행하다

[prǽktis]
☐ ☐ ☐

He *practices* early rising.
그는 일찍 일어나기를 실행하고 있다.

1320
provide [동] 주다, 공급하다; ~에 대비하다

[prəváid]
☐ ☐ ☐

Bees *provide* us with honey.
꿀벌들은 우리에게 꿀을 준다.

Minimal Phrases

☐ suggest a tour of the museum	박물관 견학을 **제안하다**
☐ impress favorably	좋은 **인상을 주다**
☐ the original version of a play	희곡의 원**본**
☐ a business section	상업 **지역**
☐ a human voice	**인간**의 목소리
☐ blow up a balloon	**풍선**을 불다
☐ all charges included	모든 요금을 **포함하여**
☐ a negative sentence	부정**문**
☐ not drink anymore	**더 이상** 술을 안 마시다
☐ nobody in the room	그 방에 **아무도**
☐ anybody else	**누군가** 다른 사람
☐ stare at someone	**누군가**를 빤히 쳐다보다
☐ something to drink	**무언가** 마실 것
☐ everybody in the room	방에 있는 **모든 사람들**
☐ everyday clothes	**평상**복
☐ the new semester	신**학기**
☐ increase in price	값이 **오르다**
☐ in the moment of crisis	위기의 **순간에**
☐ practice the piano	피아노를 **연습하다**
☐ provide a topic for discussion	토론의 주제를 **제공하다**

67일째

학습일 : ___ 월 ___ 일

내가 아는 단어는 몇 개인가요?

- ☐ through
- ☐ dessert
- ☐ earache
- ☐ headache
- ☐ raincoat
- ☐ envelope
- ☐ ability
- ☐ pleasant
- ☐ impatient
- ☐ accident

- ☐ discover
- ☐ classical
- ☐ toothache
- ☐ stomachache
- ☐ moral
- ☐ whether
- ☐ pleasure
- ☐ distance
- ☐ attention
- ☐ stranger

_____ 개

1321
through

[θru:]

☐ ☐ ☐

쩐 ~을 통해서, ~을 지나서

Water flows **through** this pipe.
물은 이 관을 통해 흐른다.

1322
discover

[diskʌ́vər]

☐ ☐ ☐

동 발견하다, 알게 되다

Columbus **discovered** America.
콜럼버스는 아메리카를 발견했다.

1323
dessert

[dizə́ːrt]

☐ ☐ ☐

명 형 디저트(의), 후식(의)

He had a cake and coffee for **dessert**.
그는 디저트로 케이크를 먹고 커피를 마셨다.

1324
classical

[klǽsikəl]

☐ ☐ ☐

형 고전의, 고전파의

He is a **classical** dancer.
그는 고전 무용수다.

1325

earache

[íərèik]

□ □ □

명 귀앓이

Earache is a pain in the inside part of your ear.

이통은 당신 귀 안의 통증이다.

1326

toothache

[túːθèik]

□ □ □

명 이앓이, 치통

A girl had a terrible ***toothache***.

한 소녀가 심한 치통을 앓았다.

1327

headache

[hédèik]

□ □ □

명 두통

I have a bad ***headache*** today.

나는 오늘 두통이 심하다.

1328

stomachache

[stΛ́məkèik]

□ □ □

명 배앓이, 복통

I have a ***stomachache***.

배가 아프다.

1329

raincoat

[réinkòut]

□ □ □

명 레인코트, 비옷

I'll buy the blue ***raincoat***.

나는 파란색 비옷을 살 것이다.

1330

moral

[mɔ́(ː)rəl]

□ □ □

형 도덕(상)의 (반 immoral)

Man is a ***moral*** animal.

인간은 도덕적 동물이다.

1331

envelope

[énvəlòup]

□ □ □

명 봉투

May I have the stamps on this ***envelope***?

이 봉투에 붙은 우표를 가져도 됩니까?

1332
whether

[hwéðər / wéðər]

□ □ □

접 ~인지 아닌지; ~이건 아니건

I don't know **whether** it's true or not.
나는 그것이 사실인지 아닌지 모르겠다.

1333
ability

[əbíləti]

□ □ □

명 능력; 재능

The task exceeds his **ability**.
그의 능력으로는 그 일을 할 수 없다.

1334
pleasure

[pléʒər]

□ □ □

명 즐거움, 쾌락

He lived for **pleasure**.
그는 즐거움을 위해 살았다.

1335
pleasant

[plézηt]

□ □ □

형 즐거운, 기분 좋은, 유쾌한

We had a **pleasant** time.
우리는 즐거운 시간을 보냈다.

1336
distance

[dístəns]

□ □ □

명 간격, 거리

What is the **distance** from here to
Chicago?
여기서 시카고까지의 거리는 얼마입니까?

1337
impatient

[impéiʃənt]

□ □ □

형 성급한, 참을성 없는 (유 intolerant)

He was getting **impatient**.
그는 점점 참을 수 없게 되었다.

1338
attention

[əténʃən]

□ □ □

명 주의, 주목

Attention, please!
주목하세요!

1339
accident [명] 뜻밖의 사건, 사고
[ǽksidənt]
□ □ □
When did the ***accident*** occur?
그 사고는 언제 발생했습니까?

1340
stranger [명] 낯선[모르는] 사람
[stréindʒər]
□ □ □
I found a ***stranger*** standing at the gate. 나는 문 앞에 낯선 사람이 한 사람 서 있는 것을 보았다.

Minimal Phrases

- □ **run through the field** 들판을 **가로질러** 달리다
- □ **discover an island** 섬을 **발견하다**
- □ **a dessert fork** **디저트** 포크
- □ **classical music** **클래식** 음악
- □ **have an earache** **귀**가 아프다
- □ **have a toothache** **이**가 아프다
- □ **a slight headache** 가벼운 **두통**
- □ **suffer from stomachache** **복통**을 앓다
- □ **dress a child in a raincoat** 아이에게 **비옷**을 입히다
- □ **moral philosophy** **윤리**학
- □ **a letter envelope** 편지 **봉투**
- □ **whether it rains or not** 비가 **오건 안 오건**
- □ **a man of many abilities** **다재다능한** 사람
- □ **life's great pleasures** 삶의 큰 **기쁨**
- □ **a pleasant wind** **상쾌한** 바람
- □ **a short distance** 근**거리**
- □ **an impatient person** **성급한** 사람
- □ **pay attention to her** 그녀에게 **주목하다**
- □ **a car accident** 자동차 **사고**
- □ **a mysterious stranger** 이상한 **낯선 사람**

68일째

내가 아는 단어는 몇 개인가요?

- ☐ teenager
- ☐ pardon
- ☐ ladder
- ☐ pimple
- ☐ attitude
- ☐ foreign
- ☐ roadside
- ☐ blossom
- ☐ promise
- ☐ observe
- ☐ university
- ☐ officer
- ☐ chimney
- ☐ develop
- ☐ classmate
- ☐ roommate
- ☐ bloom
- ☐ garbage
- ☐ average
- ☐ operate

_____ 개

1341

teenager

[tí:nèidʒə́r]

☐ ☐ ☐

명 10대 (13세에서 19세까지의 소년·소녀)

He studied the slang of the local **teenagers**.
그는 그 지역 십대들의 속어를 연구했다.

1342

university

[jù:nəvə́:rsəti]

☐ ☐ ☐

명 대학, 종합대학

My brother goes to **university**.
나의 오빠는 대학에 다닌다.

1343

pardon

[pá:rdn]

☐ ☐ ☐

동 용서하다 (유 forgive)

Pardon me for saying so.
그렇게 말한 것을 용서해 주십시오.

1344

officer

[ɔ́:fisər]

☐ ☐ ☐

명 장교; 관리, 공무원

The **officer** returned the private's salute.
장교는 이등병의 경례를 받아주었다.

1345
ladder

[lǽdər]

☐ ☐ ☐

몡 사다리

I climbed up the *ladder* to the roof.
나는 사다리를 타고 지붕에 올라갔다.

1346
chimney

[tʃímni]

☐ ☐ ☐

몡 굴뚝

The *chimney* is smoking.
굴뚝에서 연기가 나고 있다.

1347
pimple

[pímpl]

☐ ☐ ☐

몡 여드름

What causes *pimples*?
무엇이 여드름을 생기게 하니?

1348
develop

[divéləp]

☐ ☐ ☐

동 발달하다[시키다]; (사진을) 현상하다

He *developed* his mind and body.
그는 심신을 발달시켰다.

1349
attitude

[ǽtitjùːd]

☐ ☐ ☐

몡 (사람·물건 등에 대한) 태도

I don't like his *attitude* toward my
husband. 나는 내 남편에 대한 그의 태도가 마음
에 들지 않는다.

1350
classmate

[klǽsmèit]

☐ ☐ ☐

몡 동급생, 급우

He is my *classmate*.
그는 나의 급우이다.

1351
foreign

[fɔ́(ː)rin]

☐ ☐ ☐

혱 외국의

It is fun to learn a *foreign* language.
외국어를 배우는 것은 재미있다.

1352
roommate [명] 동거인, 룸메이트
[rú(:)mmèit]
□ □ □
Do you like your new ***roommate***?
너의 새 룸메이트 괜찮니?

1353
roadside [명] 길가
[róudsàid]
□ □ □
We stopped our car by the ***roadside***.
우리는 길가에 차를 세웠다.

1354
bloom [명] 꽃 [동] 꽃이 피다
[blu:m]
□ □ □
The rose ***blooms*** in May.
장미는 5월에 핀다.

1355
blossom [명] 꽃 〈주로 과실나무 꽃을 말함〉
[blásəm / blɔ́səm]
□ □ □
Apple ***blossoms*** are white.
사과 꽃은 하얗다.

1356
garbage [명] 쓰레기 (garbage can 쓰레기통 [유] trash can, dust bin)
[gá:rbidʒ]
□ □ □
I put the ***garbage*** in the trash can.
쓰레기는 휴지통에 버렸다.

1357
promise [명] [동] 약속(하다)
[prámis / prɔ́mis]
□ □ □
She always keeps her ***promise***.
그 여자는 항상 약속을 지킨다.

1358
average [명] 평균
[ǽvəridʒ]
□ □ □
She's about ***average*** height.
그녀는 키가 보통이다.

1359
observe
[동] 관찰하다; 지키다

[əbzə́ːrv]

□ □ □

You must ***observe*** the rules.
법을 지켜야 한다.

1360
operate
[동] 작동하다; 수술하다

[ápərèit / ɔ́pərèit]

□ □ □

The doctor ***operated*** on my stomach.
의사는 내 위를 수술했다.

Minimal Phrases

- □ **the teenagers in blue jeans** 청바지를 입은 **십대들**
- □ **study at university** **대학**에서 공부하다
- □ **pardon his mistake** 그의 잘못을 **용서하다**
- □ **a police officer** 경찰**관**
- □ **climb a ladder** **사다리**를 오르다
- □ **factory chimneys** 공장 **굴뚝**
- □ **a pimpled face** **여드름** 난 얼굴
- □ **develop muscles** 근육을 **발달시키다**
- □ **healthy attitudes** 건전한 **태도**
- □ **classmates in middle school** 중학교 **동창**
- □ **a foreign language** **외국**어
- □ **a new roommate** 새 **룸메이트**
- □ **a roadside cafe** **길가**에 있는 카페
- □ **in full bloom** **만개**하여
- □ **acacia blossoms** 아카시아 **꽃**
- □ **collect the garbage** **쓰레기**를 수거하다
- □ **make a promise** **약속**을 하다
- □ **above average** **평균** 이상으로
- □ **observe the law** 법을 **지키다**
- □ **operate machinery** 기계를 **작동하다**

내가 아는 단어는 몇 개인가요?

- ☐ rescue
- ☐ mention
- ☐ suppose
- ☐ bathroom
- ☐ meadow
- ☐ previous
- ☐ familiar
- ☐ faithful
- ☐ iceberg
- ☐ marriage
- ☐ continue
- ☐ success
- ☐ package
- ☐ column
- ☐ member
- ☐ upward
- ☐ although
- ☐ complete
- ☐ portrait
- ☐ wedding

_____ 개

1361

rescue

[réskju:]

☐ ☐ ☐

동 구조하다

They went to her *rescue*.
그들은 그녀를 구조하러 갔다.

1362

continue

[kəntínju:]

☐ ☐ ☐

동 계속하다, 연속하다 (반 stop)

The rain *continued* all day.
비는 종일 계속해서 내렸다.

1363

mention

[ménʃən]

☐ ☐ ☐

동 말하다

She *mentioned* the book to me.
그녀가 나에게 그 책에 대해 언급했다.

1364

success

[səksés]

☐ ☐ ☐

명 성공

He is sure of *success*.
그는 자신의 성공을 확신한다.

1365
suppose

[səpóuz]

☐ ☐ ☐

동 추측하다, ~이라고 생각하다 (유 guess)

Let's **suppose** he is right.
그가 옳다고 가정하자.

1366
package

[pǽkidʒ]

☐ ☐ ☐

명 꾸러미, 소포

He undid the **package**.
그는 포장을 다시 풀었다.

1367
bathroom

[bǽθrù(:)m / bá:rù(:)m]

☐ ☐ ☐

명 욕실; 화장실 (유 restroom, wash room)

Where is the **bathroom**?
화장실은 어디에 있습니까?

1368
column

[káləm / kɔ́ləm]

☐ ☐ ☐

명 기둥; 칼럼

The **column** was made of white marble.
그 기둥은 흰 대리석으로 만들었다.

1369
meadow

[médou]

☐ ☐ ☐

명 풀밭, 목초지

There was a path through the **meadow**.
초원을 가로질러 길이 나 있었다.

1370
member

[mémbər]

☐ ☐ ☐

명 회원, 일원, 멤버

She became a **member** of the club.
그녀는 그 클럽의 회원이 되었다.

1371
previous

[prí:viəs]

☐ ☐ ☐

형 앞의, 이전의

I had written **previous** to visiting.
나는 방문하기 전에 편지를 보냈다.

1372

upward
[ápwərd]
□ □ □

(부) 위쪽으로

The sparrow flew **upward**.
참새가 위로 날아올랐다.

1373

familiar
[fəmíljər]
□ □ □

(형) 친(밀)한

The name sounds **familiar** to me.
그 이름은 내게 친숙하게 들린다.

1374

although
[ɔːlðóu]
□ □ □

(접) 비록 ~일지라도, ~이기는 하지만

Although he is very poor, he is
honest. 그는 매우 가난하지만 정직하다.

1375

faithful
[féiθfəl]
□ □ □

(형) 충실한

He is my **faithful** friend.
그는 나의 충실한 친구이다.

1376

complete
[kəmplíːt]
□ □ □

(형) 완전한; 온전한; 완성한

I will lend you the **complete** works of
Shakespeare.
셰익스피어 전집을 빌려 드리겠습니다.

1377

iceberg
[áisbəːrg]
□ □ □

(명) 빙산

The **iceberg** split in two.
빙산이 둘로 갈라졌다.

1378

portrait
[pɔ́ːrtrit / pɔ́ːrtreit]
□ □ □

(명) 초상(화)

She had her **portrait** painted.
그녀는 초상화를 그리게 했다.

1379

marriage

[mǽridʒ]

□ □ □

몡 결혼 (marry 통 결혼하다)

Marriage is the second beginning of life. 결혼은 인생의 두 번째 시작이다.

1380

wedding

[wédiŋ]

□ □ □

몡 혼례, 결혼식 형 결혼의

Today is our *wedding* anniversary.
오늘은 우리 결혼기념일이다.

Minimal Phrases

□ **attempt** a rescue	**구출**을 시도하다
□ **continue** the story	이야기를 **계속하다**
□ **mention** a name	이름을 **대다**
□ a great **success**	**대성공**
□ **suppose** he will come	그가 올 거라고 **생각하다**
□ **deliver** a package	**소포**를 배달하다
□ wash hands in the **bathroom**	**욕실**에서 손을 씻다
□ a fashion **column**	패션 **칼럼**
□ 20 acres of **meadow**	20에이커의 **풀밭**
□ a member of the **family**	가족의 한 **사람**
□ a previous **engagement**	**선약**
□ an **upward** climb	**위로 향하는** 길
□ **familiar** faces	**낯익은** 얼굴
□ **although** it was very hot	무척 더웠**지만**
□ a **faithful** worker	**충실한** 일꾼
□ a **complete** set	**온전한** 세트
□ the tip of the **iceberg**	**빙산**의 일각
□ a family **portrait**	가족 **초상화**
□ announce a **marriage**	**결혼**을 발표하다
□ a wedding **invitation**	**청첩**장

70일째

학습일 : ___ 월 ___ 일

내가 아는 단어는 몇 개인가요?

- ☐ disease
- ☐ armchair
- ☐ interview
- ☐ roadway
- ☐ musician
- ☐ butterfly
- ☐ subtract
- ☐ housewife
- ☐ humorous
- ☐ certainly
- ☐ bedroom
- ☐ meaning
- ☐ emotion
- ☐ business
- ☐ volunteer
- ☐ multiply
- ☐ nowhere
- ☐ teamwork
- ☐ shadow
- ☐ gentleman

____ 개

1381
disease [명] 병, 질병
[dizíːz]
☐ ☐ ☐
I had a skin ***disease***.
피부병에 걸렸다.

1382
bedroom [명] 침실
[bédrùːm]
☐ ☐ ☐
I want a ***bedroom*** to myself.
나 혼자서 쓸 침실이 필요하다.

1383
armchair [명] 안락의자
[áːrmtʃὲər]
☐ ☐ ☐
Grandfather naps in his ***armchair***.
할아버지는 안락의자에서 낮잠을 주무신다.

1384
meaning [명] 의미, 뜻
[míːniŋ]
☐ ☐ ☐
What is the ***meaning*** of this sentence?
이 문장의 뜻이 무엇입니까?

1385
interview [명] 면담, 면접; 인터뷰
[íntərvjù:]
□ □ □
We had an ***interview*** with the President.
우리는 대통령과 면담했다.

1386
emotion [명] 감정; 감동
[imóuʃən]
□ □ □
Sometimes my ***emotions*** win over my judgement.
나는 때로는 감정이 앞선다.

1387
roadway [명] 도로
[róudwèi]
□ □ □
Don't stop on the ***roadway***.
차도에 서 있지 마라.

1388
business [명] 사업, 장사; 일, 업무
[bíznis]
□ □ □
He is a man of ***business***.
그는 사업가이다.

1389
musician [명] 음악가
[mju:zíʃən]
□ □ □
He is a famous ***musician***.
그는 유명한 음악가이다.

1390
volunteer [명] 지원자; 자원 봉사자 [동] 자진하여 하다
[vàləntíər / vɔ̀ləntíər]
□ □ □
My grandmother ***volunteered*** much for the poor. 할머니는 가난한 사람들을 위해 봉사를 많이 하셨다.

1391
butterfly [명] 나비
[bʌ́tərflài]
□ □ □
Butterflies are flying around the flower.
나비들이 꽃 주위를 날고 있다.

1392

multiply

[mʌ́ltəplài]

□ □ □

⑤ 늘리다; 번식하다; 곱하다

Rats *multiply* rapidly.

쥐는 빨리 번식한다.

1393

subtract

[səbtrǽkt]

□ □ □

⑤ 빼다

Subtract eight from thirteen.

13에서 8을 빼라.

1394

nowhere

[nóu*h*wèə:*r*]

□ □ □

⑨ 아무 데도 ~없다

I got lost in the middle of *nowhere*.

나는 어딘지도 모르는 곳에서 길을 잃었다.

1395

housewife

[háuswàif]

□ □ □

⑨ 주부

She is a teacher, *housewife*, and
mother all at once. 그녀는 선생님과 주부와
어머니의 역할을 동시에 하고 있다.

1396

teamwork

[tí:mwə̀:*r*k]

□ □ □

⑨ 팀워크, 협력

Teamwork is necessary to this plan.

이 계획에는 팀워크가 꼭 필요하다.

1397

humorous

[*h*jú:mərəs]

□ □ □

⑱ 유머러스한

He is really *humorous*.

그는 정말 웃긴다.

1398

shadow

[ʃǽdou]

□ □ □

⑨ 그림자

Our *shadows* are on the wall.

우리들의 그림자가 벽에 비치고 있다.

1399
certainly

[sə́ːrtnli]

□ □ □

第 반드시, 틀림없이, 확실히

He will *certainly* succeed in the examination.
그는 틀림없이 시험에 합격할 것이다.

1400
gentleman

[ʤéntlmən]

□ □ □

명 남자, 신사 (반 lady)

Good morning, ladies and *gentlemen*.
신사 숙녀 여러분, 안녕하십니까?

Minimal ✳ Phrases

□ a heart disease	심장**병**
□ a quiet bedroom	조용한 **침실**
□ sit in an armchair	**안락의자**에 앉다
□ understand the meaning	**뜻**을 이해하다
□ an interview with him	그와의 **면담**
□ show emotion	**감정**을 드러내다
□ major roadways	주요 **차도**
□ a man of business	**사업**가
□ a great musician	위대한 **음악가**
□ volunteer work at the hospital	병원에서의 **자원 봉사** 활동
□ fly like a butterfly	**나비**처럼 날다
□ multiply five by ten	5에 10을 **곱하다**
□ learn how to add and subtract	덧셈과 **뺄셈**을 배우다
□ nowhere to go	**갈 곳이** 없다
□ a good housewife	살림을 잘하는 **주부**
□ have fine teamwork	**팀워크**가 좋다
□ a humorous writer	**유머러스한** 작가
□ a black shadow	검은 **그림자**
□ almost certainly	거의 **확실히**
□ a tall gentleman	키가 큰 **신사**

71일째

학습일 : ___ 월 ___ 일

내가 아는 단어는 몇 개인가요?

- ☐ viewpoint
- ☐ language
- ☐ ashamed
- ☐ personal
- ☐ friendship
- ☐ schedule
- ☐ traditional
- ☐ collection
- ☐ awesome
- ☐ dynasty
- ☐ therefore
- ☐ impressive
- ☐ sensitive
- ☐ conductor
- ☐ merchant
- ☐ forefinger
- ☐ everywhere
- ☐ campaign
- ☐ remember
- ☐ decorate

____ 개

1401
viewpoint [명] 견해; 관점

[vjú:pɔ̀int]
☐ ☐ ☐

There is a wide gap between the ***viewpoints*** of the two.
두 사람의 견해에는 큰 차이가 있다.

1402
therefore [부] [접] 그런 까닭에, 따라서

[ðέəːrfɔ̀ːr]
☐ ☐ ☐

I was ill, ***therefore*** I could not go.
나는 아파서 갈 수 없었다.

1403
language [명] 언어, 말

[lǽŋgwidʒ]
☐ ☐ ☐

English is an international ***language***.
영어는 국제어이다.

1404
impressive [형] 강한 인상을 주는, 감동적인

[imprésiv]
☐ ☐ ☐

The movie was very ***impressive***.
그 영화는 매우 인상적이었다.

1405
ashamed

[əʃéimd]

☐ ☐ ☐

휑 부끄러워하는

I was *ashamed* of my deed.
나는 나의 행동이 부끄러웠다.

1406
sensitive

[sénsətiv]

☐ ☐ ☐

휑 민감한, 예민한

The eye is *sensitive* to light.
눈은 빛에 민감하다.

1407
personal

[pə́:rsənl]

☐ ☐ ☐

휑 개인의, 개인적인

It's for my *personal* use.
그것은 내 개인용 물건이다.

1408
conductor

[kəndʌ́ktər]

☐ ☐ ☐

휑 안내자; (전차·열차) 차장; 지휘자

The *conductor* put me inside the bus.
차장은 나를 버스 안쪽으로 끌어들였다.

1409
friendship

[fréndʃip]

☐ ☐ ☐

휑 우정, 친교

I hope our *friendship* will last forever.
우리들의 우정이 영원히 계속되기를 바란다.

1410
merchant

[mə́:rtʃənt]

☐ ☐ ☐

휑 상인

The *merchant* has his store in the center of the city.
그 상인은 도시의 중심지에 상점을 가지고 있다.

1411
schedule

[skédʒu:l / ʃédju:l]

☐ ☐ ☐

휑 시간표, 예정표; 스케줄

This is our class *schedule*.
이것은 우리 반의 수업 시간표이다.

1412
forefinger

[fɔ́ːrfìŋɡər]

□ □ □

명 집게손가락 (윤 index finger)

The *forefinger* is the first finger.
집게손가락은 첫 번째 손가락이다.

1413
traditional

[trədíʃənəl]

□ □ □

형 전설의; 전통의, 전통적인

Hanbok is a Korean *traditional* dress. 한복은 한국의 전통 의상이다.

1414
everywhere

[évri(h)wɛ̀ər]

□ □ □

부 어디든지 다, 도처에

It can be seen *everywhere* in the world.
그것은 세계 어느 곳에서나 볼 수 있다.

1415
collection

[kəlékʃən]

□ □ □

명 수집 (collect 동 모으다, 수집하다)

He has a big *collection* of antiques.
그는 골동품을 많이 수집했다.

1416
campaign

[kæmpéin]

□ □ □

명 운동, 캠페인

I must take part in the 'Save the Earth' *campaign*.
나는 '지구 살리기' 캠페인에 참여해야 한다.

1417
awesome

[ɔ́ːsəm]

□ □ □

형 멋진; 굉장한

His strength was *awesome*.
그의 힘은 무시무시했다.

1418
remember

[rimémbər]

□ □ □ .

동 기억하다; 생각나다 (반 forget)

I can't *remember* his name.
나는 그의 이름을 기억할 수 없다.

1419
dynasty
[dáinəsti / dínəsti]
□ □ □

몡 (역대) 왕조

The war broke out during the Tudor *dynasty*.
그 전쟁은 튜더 왕조 시대에 일어났다.

1420
decorate
[dékərèit]
□ □ □

동 장식하다

The girl is *decorating* the tree.
소녀가 나무를 장식하고 있다.

Minimal ★ Phrases

□ a religious viewpoint	종교적 **견해**
□ I think, therefore I exist.	나는 생각한다, **고로** 나는 존재한다.
□ learn a foreign language	외국어를 배우다
□ an impressive scene	**감동적인** 광경
□ be ashamed of being poor	가난을 **부끄러워하다**
□ a sensitive ear	**예민한** 귀
□ a personal opinion	**개인적인** 의견
□ a guest conductor	객원 **지휘자**
□ friendship between you and me	너와 나의 **우정**
□ the Merchant of Venice	베니스의 **상인**
□ check my schedule	**스케줄**을 확인하다
□ cross the forefinger and middle finger	**집게손가락**과 가운데 손가락을 포개다
□ a traditional food	**전통** 음식
□ everywhere in the world	세계 **어느 곳에서나**
□ an art collection	미술 **소장품**
□ an election campaign	선거 **운동**
□ an awesome sight	**엄청난** 광경
□ remember his name	그의 이름을 **기억하다**
□ establish a dynasty	**왕조**를 세우다
□ decorate a room	방을 **꾸미다**

내가 아는 단어는 몇 개인가요?

☐ expensive	☐ pollution
☐ character	☐ instructor
☐ operation	☐ continent
☐ homeless	☐ improve
☐ waterfall	☐ compact
☐ exercise	☐ umbrella
☐ swimsuit	☐ surprising
☐ national	☐ respect
☐ together	☐ escape
☐ servant	☐ overflow

_____ 개

1421
expensive

형 값비싼 (반 cheap)

[ikspénsiv]
☐ ☐ ☐

This book is not *expensive*.
이 책은 비싸지 않다.

1422
pollution

명 오염

[pəlúːʃən]
☐ ☐ ☐

Pollution is killing many animals today.
오늘날 오염으로 인해 많은 동물들이 죽고 있다.

1423
character

명 성격; 특성; 등장인물

[kǽriktər]
☐ ☐ ☐

Hamlet is a *character* in the play.
햄릿은 연극 속의 인물이다.

1424
instructor

명 교사

[instrʌ́ktər]
☐ ☐ ☐

She is a driving *instructor*.
그녀는 운전강사이다.

1425
operation [명] 작용; 작동; 수술

[àpəréiʃən / ɔ̀pəréiʃən]

□ □ □

I regained my sight after the ***operation***.
나는 수술 후 시력을 되찾았다.

1426
continent [명] 대륙

[kántinənt / kɔ́ntinənt]

□ □ □

The Pacific is bigger than the ***continent*** of Asia.
태평양은 아시아 대륙보다 더 크다.

1427
homeless [형] 집 없는 [명] (the~) 노숙자들

[hóumlis]

□ □ □

They gave blankets to the ***homeless***.
그들은 노숙자들에게 담요를 주었다.

1428
improve [동] 개량[개선]하다; 나아지다

[imprú:v]

□ □ □

You must ***improve*** your reading.
너는 읽는 법을 개선해야 한다.

1429
waterfall [명] 폭포

[wɔ́:tə:rfɔ̀:l]

□ □ □

I took a photograph of the beautiful ***waterfalls***.
나는 아름다운 폭포의 사진을 찍었다.

1430
compact [형] 조밀한; 소형의

[kəmpǽkt / kámpækt]

□ □ □

I love my ***compact*** office in Washington. 나는 워싱턴에 있는 나의 아담한 사무실을 좋아한다.

1431
exercise [명] 운동; 연습, 연습문제

[éksərsàiz]

□ □ □

Swimming is good ***exercise***.
수영은 좋은 운동이다.

1432
umbrella
명 우산

[ʌmbrélə]

☐ ☐ ☐

She has an *umbrella* in her hand.
그녀는 손에 우산을 들고 있다.

1433
swimsuit
명 수영복 (유 bathing suit)

[swímsùːt]

☐ ☐ ☐

You have to wear a *swimsuit* in the pool. 수영장에서는 수영복을 입어야 한다.

1434
surprising
형 놀라운

[sərpráiziŋ]

☐ ☐ ☐

That is a *surprising* event.
그것은 뜻밖의 사건이다.

1435
national
형 국민의, 국가의, 국립의

[nǽʃənəl]

☐ ☐ ☐

That is the *national* flag of Korea.
저것이 한국의 국기이다.

1436
respect
동 존경하다; 존중하다

[rispékt]

☐ ☐ ☐

Our teacher is *respected* by every pupil.
우리 선생님은 모든 학생의 존경을 받고 있다.

1437
together
부 함께, 같이

[təgéðər]

☐ ☐ ☐

We went shopping *together*.
우리는 함께 물건을 사러 갔다.

1438
escape
동 달아나다 명 도망 형 도피의

[iskéip]

☐ ☐ ☐

His *escape* was made at night.
그는 밤에 도망쳤다.

1439
servant
명 하인, 부하

[sə́ːrvənt]

□ □ □

He has two *servants*.
그는 두 명의 하인이 있다.

1440
overflow
통 넘치다 명 과잉

[òuvərflóu]

□ □ □

The river *overflowed* its bank.
강이 둑을 넘쳐흘렀다.

Minimal Phrases

□ an expensive car	비싼 자동차
□ environmental pollution	환경오염
□ a good character	좋은 성격
□ a driving instructor	운전 강사
□ the operation of elevators	엘리베이터의 작동
□ the European continent	유럽 대륙
□ a homeless child	집 없는 아이
□ improve my English	영어를 향상시키다
□ the waterfall above the bridge	다리 위의 폭포
□ a compact car	소형 자동차
□ a hard exercise	심한 연습
□ carry an umbrella	우산을 들고 다니다
□ a one-piece swimsuit	원피스 수영복
□ surprising news	놀라운 소식
□ the national park	국립공원
□ respect my parents	부모님을 존경하다
□ go to school together	함께 학교에 가다
□ an escape from prison	탈옥
□ an old servant	나이 든 하인
□ an overflow of population	인구 과잉

73일째

학습일 : ___ 월 ___ 일

내가 아는 단어는 몇 개인가요?

- ☐ channel
- ☐ pollute
- ☐ earthquake
- ☐ question
- ☐ weekend
- ☐ tomorrow
- ☐ neighbor
- ☐ classroom
- ☐ rectangle
- ☐ forward
- ☐ electric
- ☐ curious
- ☐ protect
- ☐ yesterday
- ☐ weekday
- ☐ vacation
- ☐ physical
- ☐ postcard
- ☐ sunshine
- ☐ perform

____ 개

1441
channel [명] 해협; 채널
[tʃǽnl]
☐ ☐ ☐
What programs does this cable *Channel* offer?
이 케이블 채널은 어떤 프로그램을 제공합니까?

1442
electric [형] 전기의
[iléktrik]
☐ ☐ ☐
He played the *electric* guitar.
그는 전기 기타를 연주했다.

1443
pollute [동] 더럽히다, 오염시키다
[pəlúːt]
☐ ☐ ☐
They can *pollute* the environment.
그것들은 환경을 오염시킬 수 있다.

1444
curious [형] 호기심 있는; 진기한
[kjúəriəs]
☐ ☐ ☐
He is *curious* about everything.
그는 모든 것에 호기심이 있다.

1445

earthquake

명 지진

[ɔ́ːrθkwèik]

□ □ □

We had an *earthquake* last night.
어젯밤에 지진이 있었다.

1446

protect

동 지키다, 보호하다

[prətékt]

□ □ □

She wore sunglasses to *protect* her
eyes from the sun. 그녀는 햇빛으로부터 그
녀의 눈을 보호하기 위해 선글라스를 썼다.

1447

question

명 질문, 문제 (반 answer)

[kwéstʃən]

□ □ □

Do you have any *questions*?
질문 있습니까?

1448

yesterday

명 어제 부 어제는

[jéstərdèi]

□ □ □

He left Seoul the day before
yesterday.
그는 그저께 서울을 떠났다.

1449

weekend

명 주말

[wíːkènd]

□ □ □

What are you going to do this
weekend?
이번 주말에 뭘 할 거니?

1450

weekday

명 주일, 평일 형 평일의

[wíːkdèi]

□ □ □

This shop is open every *weekday*.
이 상점은 주중에 매일 문을 연다.

1451

tomorrow

명 내일 부 내일(은)

[təmɔ́ːrou]

□ □ □

I am going to leave *tomorrow*.
나는 내일 떠날 것이다.

1452

vacation

[veikéiʃən /
vəkéiʃən]

□ □ □

명 휴가, 방학

He is on *vacation*.
그는 휴가 중이다.

1453

neighbor

[néibər]

□ □ □

명 이웃, 이웃 사람

He is my *neighbor*.
그는 나의 이웃이다.

1454

physical

[fízikəl]

□ □ □

형 육체의

Physical exercise develops muscle.
운동을 하면 근육이 발달된다.

1455

classroom

[klǽsrù(:)m]

□ □ □

명 교실

My *classroom* is on the third floor.
내 교실은 3층에 있다.

1456

postcard

[póustkà:rd]

□ □ □

명 우편엽서

I got a *postcard* from my uncle.
삼촌으로부터 엽서를 받았다.

1457

rectangle

[réktæ̀ŋgəl]

□ □ □

명 직사각형

The school ground was a large
rectangle.
학교 운동장은 커다란 직사각형이었다.

1458

sunshine

[sʌ́nʃàin]

□ □ □

명 햇빛, 양지

The children are playing in the
sunshine.
어린이들은 양지에서 놀고 있다.

1459
forward
[fɔ́ːrwərd]

□ □ □

(부) 앞으로, 전방으로 (반) backward)

She looked *forward*.
그녀는 앞을 바라보았다.

1460
perform
[pərfɔ́ːrm]

□ □ □

(동) 행하다, 하다; 상연하다, 연주하다
(유) play)

He has *performed* all his duties.
그는 그의 의무를 다했다.

Minimal Phrases

□ change channels	**채널**을 바꾸다
□ an electric heater	**전기** 히터
□ pollute young people	젊은이들을 **타락시키다**
□ a curious sight	**기이한** 광경
□ a big earthquake	대**지진**
□ protect a child	아이를 **보호하다**
□ ask a question	**질문**하다
□ the day before yesterday	**그저께**
□ a nice weekend	즐거운 **주말**
□ weekday opening hours	**평일의** 개장 시간
□ tomorrow evening	**내일** 저녁
□ the summer vacation	여름**휴가**
□ talk with a neighbor	**이웃**과 이야기하다
□ physical labor	**육체노동**
□ come into a classroom	**교실**에 들어가다
□ a picture postcard	그림**엽서**
□ draw a rectangle	**직사각형**을 그리다
□ warm sunshine	따뜻한 **햇볕**
□ a step forward	한 걸음 **앞으로**
□ perform a ceremony	의식을 **거행하다**

74일째

학습일 : ___ 월 ___ 일

내가 아는 단어는 몇 개인가요?

- ☐ healthy
- ☐ western
- ☐ delicious
- ☐ storybook
- ☐ interesting
- ☐ elephant
- ☐ mountain
- ☐ grandfather
- ☐ magazine
- ☐ homesick

- ☐ instead
- ☐ museum
- ☐ bookstore
- ☐ wonderful
- ☐ exciting
- ☐ excellent
- ☐ grandparent
- ☐ newspaper
- ☐ homework
- ☐ policeman

_____ 개

1461

healthy

[hélθi]

☐ ☐ ☐

톙 건강한, 건강에 좋은 (톋 unhealthy)

He is *healthy*.
그는 건강하다.

1462

instead

[instéd]

☐ ☐ ☐

톛 그 대신에

He ate an apple *instead* of an orange.
그는 오렌지 대신에 사과를 먹었다.

1463

western

[wéstərn]

☐ ☐ ☐

톙 서쪽의, 서방의; 서양의

He lives in the *western* part of this
city. 그는 이 도시의 서부에 살고 있다.

1464

museum

[mjuːzíːəm]

☐ ☐ ☐

톞 박물관; 미술관

We visited the national *museum*.
우리는 국립 박물관을 방문했다.

1465
delicious
[dilíʃəs]
□ □ □

휑 맛있는, 맛난

Mother cooked *delicious* food.
어머니는 맛있는 음식을 요리하셨다.

1466
bookstore
[búkstɔ̀:r]
□ □ □

휑 서점, 책방

There is a *bookstore* near my house.
나의 집 근처에 서점이 하나 있다.

1467
storybook
[stɔ́:ribùk]
□ □ □

휑 (어린이를 위한) 동화[이야기]책

Tom Sawyer is a famous *storybook*.
톰 소여는 유명한 이야기책이다.

1468
wonderful
[wʌ́ndərfəl]
□ □ □

휑 훌륭한, 멋진

We are having a *wonderful* time.
우리는 아주 멋진 시간을 보내고 있다.

1469
interesting
[ínt(ə)ristiŋ]
□ □ □

휑 흥미 있는, 재미있는

The game is very *interesting*.
그 시합은 매우 재미있다.

1470
exciting
[iksáitiŋ]
□ □ □

휑 흥분시키는, 재미있는

The game was *exciting*.
그 경기는 매우 재미있었다.

1471
elephant
[éləfənt]
□ □ □

휑 코끼리

An *elephant* has a long nose.
코끼리는 코가 길다.

1472
excellent
[éksələnt]

☐ ☐ ☐

형 우수한

Mother is in *excellent* health.
어머님의 건강은 아주 좋다.

1473
mountain
[máuntən]

☐ ☐ ☐

명 산 (줄임말 Mt.)

At last they reached the top of the *mountain*.
마침내 그들은 그 산의 정상에 도착했다.

1474
grandparent
[grǽndpɛ̀ərənt]

☐ ☐ ☐

명 조부, 조모; 〈복수〉 조부모

I visited my *grandparents*.
나는 조부모님 댁을 방문했다.

1475
grandfather
[grǽndfɑ̀:ðər]

☐ ☐ ☐

명 할아버지

Grandfather naps in his armchair.
할아버지는 안락의자에서 낮잠을 주무신다.

1476
newspaper
[n(j)ú:zpèipər / njú:spèipər]

☐ ☐ ☐

명 신문, 신문지

Father is reading the *newspaper*.
아버지는 신문을 읽고 계신다.

1477
magazine
[mæ̀gəzí:n]

☐ ☐ ☐

명 잡지

He is reading a *magazine*.
그는 잡지를 읽고 있다.

1478
homework
[hóumwə̀:rk]

☐ ☐ ☐

명 숙제

I didn't do my *homework* yet.
나는 아직 나의 숙제를 하지 않았다.

1479
homesick 　혱 향수병의

[hóumsik]

They felt **homesick**.
그들은 집을 그리워 했다.

1480
policeman 　혱 경관, 순경 (㊀ police officer)

[pəlí:smən]

The **policeman** ran after the thief.
순경은 도둑의 뒤를 쫓았다.

Minimal Phrases

☐ a healthy body	건강한 몸
☐ instead of my mother	어머니 대신에
☐ Western style	서양식
☐ a science museum	과학박물관
☐ a delicious apple	맛있는 사과
☐ a big bookstore	큰 서점
☐ read a storybook	동화책을 읽다
☐ a wonderful story	놀라운 이야기
☐ an interesting book	흥미로운 책
☐ an exciting game	재미있는 경기
☐ an African elephant	아프리카 코끼리
☐ an excellent secretary	우수한 비서
☐ a high mountain	높은 산
☐ live with one's grandparents	조부모와 함께 살다
☐ grandfather and granddaughter	할아버지와 손녀
☐ deliver newspapers	신문을 배달하다
☐ a fashion magazine	패션 잡지
☐ help a boy with his homework	소년의 숙제를 도와주다
☐ homesick Korean soldiers	향수병에 시달리는 한국 병사들
☐ a kind policeman	친절한 경찰관

75일째

내가 아는 단어는 몇 개인가요?

- [ ] someday
- [ ] sometimes
- [ ] understand
- [ ] foreigner
- [ ] scientist
- [ ] introduce
- [ ] restaurant
- [ ] activity
- [ ] basketball
- [ ] baseball
- [ ] volleyball
- [ ] invitation
- [ ] education
- [ ] celebrate
- [ ] difference
- [ ] president
- [ ] company
- [ ] mystery
- [ ] detective
- [ ] vegetable

_____ 개

1481

someday

[sámdèi]

⬜⬜⬜

🟦 언젠가

Someday he will come back.
언젠가 그는 돌아올 것이다.

1482

sometimes

[sámtàimz]

⬜⬜⬜

🟦 때때로

She *sometimes* goes with us.
그녀는 때때로 우리와 같이 간다.

1483

understand

[ʌndərstǽnd]

⬜⬜⬜

🟦 이해하다, 알다

Do you *understand*?
이해하시겠습니까?

1484

foreigner

[fɔ́(:)rinər]

⬜⬜⬜

🟦 외국사람, 외국인

Do you know who that *foreigner* is?
저 외국인이 누구인지 아십니까?

310

1485
scientist [명] 과학자
[sáiəntist]
□ □ □
I want to be a ***scientist***.
나는 과학자가 되고 싶다.

1486
introduce [동] 소개하다
[intrəd(j)ú:s]
□ □ □
May I ***introduce*** my sister to you?
제 누이동생을 소개해 드릴까요?

1487
restaurant [명] 음식점, 레스토랑
[réstərənt]
□ □ □
I met my cousin at a ***restaurant***.
나는 음식점에서 나의 사촌을 만났다.

1488
activity [명] 활동
[æktívəti]
□ □ □
After school, I take part in extracurricular ***activities***.
방과 후에는 특별 활동에 참여한다.

1489
basketball [명] 농구
[bǽskitbɔ̀:l]
□ □ □
I prefer ***basketball*** to baseball.
나는 야구보다는 농구를 더 좋아한다.

1490
baseball [명] 야구
[béisbɔ̀:l]
□ □ □
I spend every Saturday playing ***baseball***.
나는 매주 토요일을 야구로 보낸다.

1491
volleyball [명] 배구
[válibɔ̀:l]
□ □ □
I play both tennis and ***volleyball***.
나는 테니스와 배구를 한다.

75일째

1492
invitation [명] 초대
[invətéiʃən]
□ □ □
Thank you for your *invitation*.
초대해 주셔서 감사합니다.

1493
education [명] 교육
[èdʒukéiʃən]
□ □ □
Education begins with a man's birth.
교육은 사람의 출생과 함께 시작된다.

1494
celebrate [동] 축하하다; (의식 등을) 올리다, 거행하다
[séləbrèit]
□ □ □
We *celebrated* her birthday.
우리는 그녀의 생일을 축하했다.

1495
difference [명] 다름, 차이
[dífərəns]
□ □ □
It doesn't make any *difference*.
그것은 별로 중요하지 않다.

1496
president [명] 대통령; 총재, 회장, 사장, 총장
[prézidənt]
□ □ □
We chose him *president* of our club.
우리는 그를 우리 클럽의 회장으로 선출했다.

1497
company [명] 회사
[kʌ́mpəni]
□ □ □
My brother goes to his *company* every day.
형님은 매일 회사에 나간다.

1498
mystery [명] 신비, 불가사의한 것; 추리 소설
[místəri]
□ □ □
He is a riddle wrapped in a *mystery*.
그는 신비에 싸인 수수께끼 같은 사람이다.

1499
detective
명 형 탐정(의)

[ditéktiv]
□ □ □

I like reading *detective* stories.
나는 탐정 소설 읽는 것을 좋아해.

1500
vegetable
명 야채, 채소

[védʒətəbəl]
□ □ □

These are fresh *vegetables*.
이것들은 신선한 채소이다.

Minimal Phrases

□ someday soon	**언젠가** 조만간
□ sometimes play the violin	**때때로** 바이올린을 켜다
□ understand the explanation	설명을 **이해하다**
□ a tall foreigner	키가 큰 **외국인**
□ a great scientist	위대한 **과학자**
□ introduce my friend	내 친구를 **소개하다**
□ eat at a restaurant	**식당**에서 식사를 하다
□ club activities	클럽 **활동**
□ play street basketball	길거리 **농구**를 하다
□ a baseball game	**야구** 경기
□ play volleyball	**배구**를 하다
□ a letter of invitation	**초대**장
□ special education	특수 **교육**
□ celebrate New Year	신년을 **축하하다**
□ a big difference	큰 **차이**
□ the President of Korea	한국 **대통령**
□ work for a company	**회사**에서 일하다
□ the mysteries of nature	자연의 **신비**
□ a private detective	사립 **탐정**
□ a vegetable diet	**채**식

☐ frighten
☐ disabled
☐ probably
☐ nowadays
☐ single
☐ carefully
☐ priceless
☐ separate
☐ exchange
☐ religious

☐ container
☐ regularly
☐ newcomer
☐ invention
☐ boastful
☐ actual
☐ darkness
☐ complain
☐ fisherman
☐ resource

_____ 개

1501
frighten
[fráitn]
☐ ☐ ☐

동 놀라게 하다, 무섭게 하다 (유 scare)

I *frighten* her in the dark.
나는 어둠 속에서 그녀를 놀라게 했다.

1502
container
[kəntéinər]
☐ ☐ ☐

명 그릇; 용기

The *container* is full of corn.
그 그릇에는 옥수수가 가득 들어있다.

1503
disabled
[diséibəld]
☐ ☐ ☐

형 불구가 된; 고장 난

She tried to cheer up the *disabled*.
그녀는 불구가 된 사람들을 격려하려고 노력했다.

1504
regularly
[régjələːrli]
☐ ☐ ☐

부 정기적으로

I take music lessons *regularly*.
나는 음악 교습을 정기적으로 받는다.

1505
probably
[prábəbli /
próbəbli]
□ □ □

⊕ 아마도, 다분히

It will *probably* rain.
아마 비가 올 것이다.

1506
newcomer
[njú:kÀmər]
□ □ □

⑱ 새로 온 사람

We are friends with the *newcomer*.
새로 온 사람과 우리는 친하다.

1507
nowadays
[náuədèiz]
□ □ □

⊕ 현재에는, 요즘은

He looks tired in class *nowadays*.
그는 요즘 수업에 지친 듯 보인다.

1508
invention
[invénʃən]
□ □ □

⑱ 발명(품)

Necessity is the mother of *invention*.
필요는 발명의 어머니. 〈속담〉

1509
single
[síŋgl]
□ □ □

⑱ 단 하나의; 독신의

She is *single*.
그녀는 독신이다.

1510
boastful
[bóustfəl]
□ □ □

⑱ 자랑하는

He is *boastful* about his house.
그는 자기 집을 자랑한다.

1511
carefully
[kéərfəli]
□ □ □

⊕ 주의 깊게, 조심스럽게

Look at the picture *carefully*.
그 사진을 주의 깊게 보아라.

315

1512
actual [형] 현실의; 현재의 ([유] real)

[ǽktʃuəl]

□ □ □

He doesn't know your ***actual*** state.

그는 너의 현재 상황을 모른다.

1513
priceless [형] 아주 귀중한

[práislis]

□ □ □

Good health is ***priceless***.

좋은 건강은 아주 귀중하다.

1514
darkness [명] 암흑

[dá:rknis]

□ □ □

A bat likes ***darkness***.

박쥐는 어둠을 좋아한다.

1515
separate [동] 분리하다, 가르다

[sépərèit]

□ □ □

She and I ***separated*** a year ago.

그녀와 나는 1년 전 별거에 들어갔다.

1516
complain [동] 불평하다, 투덜거리다; 호소하다

[kəmpléin]

□ □ □

He is always ***complaining***.

그는 언제나 불평을 한다.

1517
exchange [동] 교환하다, 바꾸다

[ikstʃéindʒ]

□ □ □

Won't you ***exchange*** this record for that one?

이 레코드를 저것과 바꿔주시지 않겠어요?

1518
fisherman [명] 어부; 낚시꾼

[fíʃərmən]

□ □ □

The ***fisherman*** launched off by himself.

그 어부는 혼자서 고기를 잡으러 갔다.

1519

religious

[rilídʒəs] · 형 종교(상)의; 신앙의

□ □ □

She is very **religious**.
그녀는 신앙심이 매우 깊다.

1520

resource

[ríːsɔːrs] · 명 자원, 자료

□ □ □

The country is rich in natural **resources**.
그 나라는 천연 자원이 풍부하다.

Minimal ✴ Phrases

□ frighten a cat away	고양이를 **놀라게** 하여 쫓다
□ a plastic container	플라스틱 **용기**
□ parking spaces for the disabled	**장애인** 주차 공간
□ write a diary regularly	**매일** 일기를 쓰다
□ probably right	**아마도** 옳은
□ a promising newcomer	유망한 **신참**
□ the youth nowadays	**요즘의** 청년들
□ make an invention	**발명**하다
□ a single bed	**일인용** 침대
□ boastful talk	**자화자찬**의 말
□ listen carefully	**주의 깊게** 듣다
□ an actual person	**실재** 인물
□ priceless jewels	**대단히 귀중한** 보석
□ during the hours of darkness	**밤** 동안에
□ separate cream from milk	우유에서 크림을 **분리하다**
□ complain about bad food	형편없는 음식에 대해 **불평하다**
□ exchange presents	선물을 **교환하다**
□ a fisherman's boat	**낚싯배**
□ a religious book	**종교** 서적
□ agricultural resources	농업 **자원**

내가 아는 단어는 몇 개인가요?

- □ customer
- □ dictionary
- □ private
- □ plain
- □ particular
- □ difficulty
- □ entrance
- □ response
- □ youngster
- □ assistant
- □ underline
- □ ordinary
- □ mathematics
- □ kindergarten
- □ congratulation
- □ housework
- □ refrigerator
- □ blackboard
- □ appearance
- □ ambulance

_____ 개

1521

customer

[kʌ́stəmər]

□ □ □

명 (가게의) 손님, 고객

The **customer** is always right.
손님은 언제나 옳다[고객은 왕이다].

1522

dictionary

[díkʃənèri / díkʃənəri]

□ □ □

명 사전

This book is a **dictionary**.
이 책은 사전이다.

1523

private

[práivit]

□ □ □

형 사적인, 사립의; 비밀의, 비공개의
(반 public)

I received a very **private** letter from him.
나는 그에게서 극히 비밀스런 편지를 받았다.

1524

plain

[plein]

□ □ □

형 명백한, 알기 쉬운; 소박한

He wrote in **plain** English.
그는 쉬운 영어로 썼다.

1525
particular

[pərtíkjələr]
☐ ☐ ☐

혱 특별한, 특정의 (맨 general)

I have nothing *particular* to do now.
지금 해야 할 특별한 일은 없다.

1526
difficulty

[dífikʌ̀lti]
☐ ☐ ☐

혱 곤란; 어려움

I appreciate your *difficulty*.
나는 네 어려움을 이해한다.

1527
entrance

[éntrəns]
☐ ☐ ☐

혱 입구; 입학

I passed a university *entrance* exam.
나는 대학 입학시험에 합격했다.

1528
response

[rispáns / rispɔ́ns]
☐ ☐ ☐

혱 응답, 대답 (윤 answer, reply)

She made no *response*.
그녀는 응답이 없었다.

1529
youngster

[jʌ́ŋstəːr]
☐ ☐ ☐

혱 젊은이

She is still only a *youngster*.
그녀는 아직 젊은이에 지나지 않는다.

1530
assistant

[əsístənt]
☐ ☐ ☐

혱 조수, 보조자 혱 보조의

I'm working as an *assistant* editor.
나는 편집 보조로서 일하고 있다.

1531
underline

[ʌ̀ndərláin]
☐ ☐ ☐

동 ~의 밑에 선을 긋다; 강조하다 혱 밑줄

Translate the *underlined* parts into
Korean. 밑줄 친 부분을 한국어로 번역하시오.

1532
ordinary [형] 일상의, 보통의 ([반] special)
[ɔ́:rdəneri]
□ □ □
He isn't any ***ordinary*** student.
그는 여느 평범한 학생이 아니다.

1533
mathematics [명] 수학 (줄임말 math)
[mæ̀θəmǽtiks]
□ □ □
I studied ***mathematics*** last night.
나는 어젯밤 수학을 공부했다.

1534
kindergarten [명] 유치원
[kíndərgɑ̀:rtn]
□ □ □
Every morning the mothers see their children to the ***kindergarten***. 어머니들은 아침마다 아이들을 유치원까지 바래다준다.

1535
congratulation [명] 축하; 축사
[kəngræ̀tʃəléiʃən]
□ □ □
I express my ***congratulations***.
축하드립니다.

1536
housework [명] 집안일, 가사
[háuswə̀:rk]
□ □ □
She is very quick about her ***housework***.
그녀는 집안일을 빠르게 해치운다.

1537
refrigerator [명] 냉장고
[rifrídʒərèitə:r]
□ □ □
Put the meat in the ***refrigerator***.
고기를 냉장고에 넣어라.

1538
blackboard [명] 칠판
[blǽkbɔ̀:rd]
□ □ □
Tom wrote his name on the ***blackboard***.
탐은 그의 이름을 칠판에 썼다.

1539

appearance

명 출현; 출연; 외모

[əpíərəns]
☐ ☐ ☐

He compared their *appearances*.
그는 그들의 외모를 비교했다.

1540

ambulance

명 구급차, 앰뷸런스

[ǽmbjuləns]
☐ ☐ ☐

Please send an *ambulance* right away!
지금 즉시 앰뷸런스를 보내 주십시오!

Minimal ⚹ Phrases

☐ **a regular customer**	단골손님
☐ **an English-Korean dictionary**	영한**사전**
☐ **a private school**	**사립**학교
☐ **a plain fact**	**명백한** 사실
☐ **in this particular case**	**특히** 이 경우는
☐ **learning difficulties**	학습의 **어려움**
☐ **the front entrance**	정면 **입구**
☐ **give a response**	**대답**하다
☐ **a promising youngster**	유망한 **젊은이**
☐ **an assistant driver**	운전 **조수**
☐ **an underlined part**	**밑줄 친** 부분
☐ **ordinary people**	**보통** 사람들
☐ **study mathematics**	**수학**을 공부하다
☐ **a kindergarten teacher**	**유치원** 교사
☐ **wedding congratulations**	결혼 **축사**
☐ **busy with housework**	**집안일**로 바쁜
☐ **put in a refrigerator**	**냉장고**에 넣다
☐ **wipe the blackboard**	**칠판**을 지우다
☐ **a TV appearance**	TV **출연**
☐ **call an ambulance**	**구급차**를 부르다

78일째

내가 아는 단어는 몇 개인가요?

- □ successful
- □ disappear
- □ hometown
- □ elementary
- □ electricity
- □ somewhere
- □ disgusting
- □ experiment
- □ participate
- □ instrument

- □ impossible
- □ opposite
- □ playground
- □ community
- □ adventure
- □ appetizing
- □ necessary
- □ emergency
- □ appreciate
- □ information

_____ 개

1541

successful

[səksésfəl]

□ □ □

형 성공한

His attempt to ride a horse was *successful*.
말을 타려는 그의 시도는 성공적이었다.

1542

impossible

[impásəbl / impɔ́səbl]

□ □ □

형 불가능한 (반 possible)

It's almost *impossible* to finish my homework today.
오늘 숙제 끝마치기가 거의 불가능하다.

1543

disappear

[dìsəpíər]

□ □ □

동 보이지 않게 되다, 사라지다

The sun *disappeared* behind the clouds. 태양이 구름 뒤로 사라졌다.

1544

opposite

[ápəzit / ɔ́pəzit]

□ □ □

형 맞은편의, 반대의 전 ~의 맞은편에

The library is *opposite* the school.
도서관은 학교 맞은편에 있다.

322

1545
hometown

[hóumtàun]

□ □ □

명 고향

Where is your **hometown**?
고향이 어디신가요?

1546
playground

[pléigràund]

□ □ □

명 놀이터

There are many kids in the **playground**.
놀이터에 많은 아이들이 있다.

1547
elementary

[èləméntəri]

□ □ □

형 기본이 되는, 초보의, 초등의

He didn't even finish **elementary** school. 그는 초등학교도 나오지 않았다.

1548
community

[kəmjúːnəti]

□ □ □

명 공동체, 지역사회

He's well liked by people in the **community**.
그는 지역 주민들에게 사랑을 받고 있다.

1549
electricity

[ilèktrísəti]

□ □ □

명 전기

The **electricity** has gone off.
전기가 나갔다.

1550
adventure

[ædvéntʃər]

□ □ □

명 모험; 뜻하지 않은 일

He had many **adventures** in Africa.
그는 아프리카에서 많은 모험을 했다.

1551
somewhere

[sʌ́m(h)wèər]

□ □ □

부 어딘지, 어딘가에

She lives **somewhere** around here.
그녀는 이 근방 어딘가에 살고 있다.

1552

appetizing

[ǽpitàiziŋ]

☐ ☐ ☐

⟨형⟩ 식욕을 돋우는

Appetizing food always smells delicious.
식욕을 돋우는 음식은 언제나 맛있는 냄새가 난다.

1553

disgusting

[disgʌ́stiŋ]

☐ ☐ ☐

⟨형⟩ 구역질나는, 정말 싫은

His behavior at the party was *disgusting*.
그 모임에서 그가 보인 행동은 혐오스러웠다.

1554

necessary

[nésəsèri / nésisəri]

☐ ☐ ☐

⟨형⟩ 필요한 (뺀 unnecessary)

Food is *necessary* for life.
음식은 살아가는 데 꼭 필요하다.

1555

experiment

[ikspérəmənt]

☐ ☐ ☐

⟨명⟩ 실험

I was excited about the *experiment*.
나는 그 실험에 흥미를 느꼈다.

1556

emergency

[imə́ːrdʒənsi]

☐ ☐ ☐

⟨명⟩ 비상[돌발]사태

Our plane made an *emergency* landing.
우리 비행기는 비상 착륙을 했다.

1557

participate

[paːrtísəpèit]

☐ ☐ ☐

⟨동⟩ 참가하다, 관여하다

All personnel were asked to *participate*.
전 직원이 참가 요청을 받았다.

1558

appreciate

[əpríːʃièit]

☐ ☐ ☐

⟨동⟩ 평가하다; 감상하다

I *appreciate* your kindness.
부탁을 들어주셔서 감사합니다.

1559
instrument

[ínstrəmənt]

☐ ☐ ☐

® 도구; 기구; 악기

The shop sells musical *instruments*.
그 가게는 악기들을 판다.

1560
information

[ìnfərméiʃən]

☐ ☐ ☐

® 정보; 지식

I have no *information* about it.
나는 그것에 대해서는 아무 정보도 없다.

Minimal ✶ Phrases

☐ **a successful result** — **성공적인** 결과
☐ **an impossible plan** — **불가능한** 계획
☐ **disappear from view** — 시야에서 **사라지다**
☐ **the opposite sex** — **이성**
☐ **return to my hometown** — 나의 **고향**으로 돌아가다
☐ **a school playground** — 학교 **놀이터**
☐ **elementary knowledge of grammar** — 문법의 **기초** 지식
☐ **a community school** — **지역사회** 학교
☐ **the generation of electricity** — **전기**의 발생
☐ **adventure stories** — **모험** 소설
☐ **somewhere around here** — 이 근처 **어디에**
☐ **an appetizing smell** — **식욕을 돋우는** 냄새
☐ **a disgusting smell** — **메스꺼운** 냄새
☐ **be necessary for daily life** — 일상생활에 **필요하다**
☐ **a chemical experiment** — 화학 **실험**
☐ **a state of emergency** — **비상**사태
☐ **participate in a debate** — 토론에 **참가하다**
☐ **appreciate good wine** — 좋은 포도주를 **음미하다**
☐ **writing instruments** — 필기**도구**
☐ **useful information** — 유용한 **정보**

내가 아는 단어는 몇 개인가요?

☐ department	☐ convenient
☐ ingredient	☐ nuclear
☐ normal	☐ intonation
☐ production	☐ expression
☐ scold	☐ population
☐ satisfy	☐ experience
☐ retire	☐ permission
☐ economics	☐ technology
☐ equipment	☐ unification
☐ destination	☐ environment

____ 개

1561

department

[dipá:rtmənt]

☐ ☐ ☐

® (공공 기관·회사 등의) 부, 부문

He administers a sales **department** of the company.

그는 그 회사의 영업부를 관리한다.

1562

convenient

[kənví:njənt]

☐ ☐ ☐

® 편리한

He lives in a **convenient** house.

그는 편리한 집에서 산다.

1563

ingredient

[ingrí:diənt]

☐ ☐ ☐

® 성분; 재료

Mix all the **ingredients** in a bowl.

모든 재료들을 한 그릇에 섞어라.

1564

nuclear

[n(j)ú:kliər]

☐ ☐ ☐

® 핵의; 원자핵의

They started **nuclear** bomb tests.

그들은 핵폭탄 실험을 개시했다.

1565
normal

[nɔ́ːrməl]

☐ ☐ ☐

형 표준의, 평균의, 정상 상태의

Hot weather is **normal** for the summer.
여름에는 더운 날씨가 정상이다.

1566
intonation

[intənéiʃən]

☐ ☐ ☐

명 억양

His **intonation** is different from mine. 그의 억양은 나와 다르다.

1567
production

[prədʌ́kʃən]

☐ ☐ ☐

명 생산; 제조

Production is on the increase.
생산은 증가하고 있다.

1568
expression

[ikspréʃən]

☐ ☐ ☐

명 표현; 표정

His face wore an angry **expression**.
그는 성난 표정을 짓고 있었다.

1569
scold

[skould]

☐ ☐ ☐

동 꾸짖다

He **scolded** me for being late.
그는 내가 지각한 것을 꾸짖었다.

1570
population

[pàpjəléiʃən / pɔ̀pjəléiʃən]

☐ ☐ ☐

명 인구; (일정 지역의) 주민

The total **population** of Seoul is about ten million.
서울의 총인구는 약 천만이다.

1571
satisfy

[sǽtisfai]

☐ ☐ ☐

동 만족시키다

The meal **satisfied** him.
그는 그 식사에 만족했다.

1572

experience

[ikspíəriəns]

□ □ □

명 경험, 체험

He has much *experience* as a teacher.
그는 교사로서의 경험이 풍부하다.

1573

retire

[ritáiə*r*]

□ □ □

통 물러가다; 은퇴하다, 퇴직하다
(retirement 명 은퇴)

He *retired* to the country.
그는 시골로 은둔하였다.

1574

permission

[pə*r*míʃən]

□ □ □

명 허가, 면허

You have my *permission* to go.
너는 가도 된다.

1575

economics

[ì:kənámiks]

□ □ □

명 〈단수〉 경제학

She is studying *economics*.
그녀는 경제학을 공부하고 있다.

1576

technology

[teknálədʒi]

□ □ □

명 공업[과학]기술

Science has contributed much to
modern *technology*.
과학은 현대 과학기술에 많은 기여를 했다.

1577

equipment

[ikwípmənt]

□ □ □

명 장비; 설비, 비품

Get the *equipment* ready for use.
장비를 곧 쓸 수 있도록 준비해 두어라.

1578

unification

[jù:nəfikéiʃən]

□ □ □

명 통일, 단일화; 통합

Our hope is Korea's *unification*.
우리의 소원은 한국의 통일이다.

1579
destination [명] (여행 등의) 목적지

[dèstənéiʃən]

☐ ☐ ☐

The ship hasn't arrived at its ***destination*** yet.
배는 아직 목적지에 도착하지 않았다.

1580
environment [명] 여건, (the environment로) 자연환경

[inváiərənmənt]

☐ ☐ ☐

Environment is a potent influence on character.
환경은 성격에 큰 영향을 미친다.

Minimal ✳ Phrases

- ☐ **a sales department** 영업**부**
- ☐ **a convenient appliance** **편리한** 기구
- ☐ **the main ingredients** 주요 **성분**
- ☐ **nuclear weapons** **핵**무기
- ☐ **a normal condition** **정상** 상태
- ☐ **intonation patterns** **억양** 형태
- ☐ **oil production** 석유 **생산**
- ☐ **freedom of expression** **표현**의 자유
- ☐ **scold a student for being late** 지각했다고 학생을 **꾸짖다**
- ☐ **increase in population** **인구**가 늘다
- ☐ **satisfy one's hunger** 공복을 **채우다**
- ☐ **a good experience** 좋은 **경험**
- ☐ **retire before the enemy** 적 앞에서 **퇴각하다**
- ☐ **official permission** 정식 **허가**
- ☐ **a doctor of economics** **경제학** 박사
- ☐ **new computer technologies** 새로운 컴퓨터 **기술**
- ☐ **sports equipment** 스포츠 **용품**
- ☐ **the unification of Germany** 독일의 **통일**
- ☐ **a vacation destination** 휴양**지**
- ☐ **protect the environment** **환경**을 보호하다

☐ appointment	☐ recognize
☐ punish	☐ spaceship
☐ telescope	☐ international
☐ descendant	☐ development
☐ professional	☐ inexpensive
☐ pretend	☐ introduction
☐ professor	☐ transportation
☐ temperature	☐ performance
☐ pronunciation	☐ conversation
☐ independence	☐ communication ＿＿＿ 개

1581
appointment
[əpɔ́intmənt]
☐ ☐ ☐

명 임명; 약속; 지정

I have an *appointment* with the dentist. 치과 의사 선생님과 예약이 있다.

1582
recognize
[rékəgnàiz]
☐ ☐ ☐

동 ~을 알아보다; 인정하다

I *recognized* him immediately.
나는 즉시 그를 알아보았다.

1583
punish
[pʌ́niʃ]
☐ ☐ ☐

동 벌주다, 징계하다

He was *punished* for being late.
그는 지각해서 벌을 받았다.

1584
spaceship
[spéisʃip]
☐ ☐ ☐

명 우주선

Sometime we will travel into space by *spaceship*. 언젠가 우리는 우주선을 타고 우주를 여행할 것이다.

1585

telescope

[téləskòup]

□ □ □

®망원경

I have a **telescope**.
나는 망원경을 가지고 있다.

1586

international

[ìntərnǽʃənəl]

□ □ □

®국제적인, 국제간의

English is an **international** language.
영어는 국제어이다.

1587

descendant

[diséndənt]

□ □ □

®자손, 후예 (®ancestor)

He has no **descendants**.
그는 후손이 없다.

1588

development

[divéləpmənt]

□ □ □

®발달, 발전

We must await further **developments**.
우리는 앞으로의 진전을 기다려야 한다.

1589

professional

[prəféʃənəl]

□ □ □

®전문적인

I watched the **professional** baseball
game on TV.
나는 TV로 프로야구 경기하는 것을 보았다.

1590

inexpensive

[inikspénsiv]

□ □ □

®값싼

Dry cleaning is **inexpensive** and fast.
드라이클리닝은 싸고 빠르다.

1591

pretend

[priténd]

□ □ □

®~하는 체하다

She **pretended** not to know me.
그녀는 나를 모르는 체했다.

1592

introduction
명 도입; 소개

[ìntrədʌ́kʃən]

☐ ☐ ☐

He had no regular *introduction*.
그 사람에게는 정식 소개가 없었다.

1593

professor
명 (대학의) 교수

[prəfésər]

☐ ☐ ☐

She was appointed *professor*.
그녀는 교수로 임명되었다.

1594

transportation
명 운송, 수송

[trænspəːrtéiʃən]

☐ ☐ ☐

No *transportation* is available to the village.
그 마을로 가는 교통수단은 아무 것도 없다.

1595

temperature
명 온도, 기온; 체온

[témp(ə)rətʃuəːr]

☐ ☐ ☐

The room *temperature* is 25℃.
실내 온도는 25℃이다.

1596

performance
명 연기; 연주; 실행

[pərfɔ́ːrməns]

☐ ☐ ☐

The *performance* affected me deeply.
그 연기는 내게 깊은 감명을 주었다.

1597

pronunciation
명 발음

[prənʌ̀nsiéiʃən]

☐ ☐ ☐

His English *pronunciation* is awful.
그의 영어 발음은 형편없다.

1598

conversation
명 대화, 회화

[kànvərséiʃən /
kɔ̀nvərséiʃən]

☐ ☐ ☐

He was having a *conversation* with a priest.
그는 목사와 대화를 하고 있었다.

1599

independence 명 독립, 자립

[indipéndəns]

☐ ☐ ☐

When did America win her *independence* from England?

미국은 언제 영국으로부터 독립했습니까?

1600

communication 명 전달, 통신

[kəmjùːnəkéiʃən]

☐ ☐ ☐

All *communications* are still down.

모든 통신은 아직도 두절이다.

Minimal ＊ Phrases

☐ an appointment for an interview 면접 **약속**

☐ recognize an old friend 옛 친구를 **알아보다**

☐ be punished for stealing 도둑질하여 **벌을 받다**

☐ a spaceship to the moon 달에 가는 **우주선**

☐ look through a telescope **망원경**으로 보다

☐ international trade **국제** 무역

☐ a direct descendant 직계 **자손**

☐ economic development 경제 **발전**

☐ a professional golfer **프로** 골퍼

☐ an inexpensive vacation package **값싼** 여행 상품

☐ pretend to know 아는 **체하다**

☐ an introduction to a book 책의 **서문**

☐ a university professor 대학 **교수**

☐ air transportation 비행기 **수송**

☐ have a high temperature **열**이 높다

☐ cancel a performance **공연**을 취소하다

☐ a standard pronunciation 표준 **발음**

☐ a friendly conversation 친밀한 **대화**

☐ a life of independence **독립**된 생활

☐ a means of communication **통신** 수단

① —n't

aren't	← are not	isn't	← is not
wasn't	← was not	weren't	← were not
don't	← do not	doesn't	← does not
didn't	← did not	can't	← can not, cannot
mustn't	← must not	won't	← will not
haven't	← have not	hasn't	← has not
couldn't	← could not	shouldn't	← should not
hadn't	← had not		

② —'m

I'm	← I am

③ —'re

you're	← you are	we're	← we are
they're	← they are		

④ —'s

he's	← he is, he has	she's	← she is, she has
it's	← it is, it has	that's	← that is, that has
here's	← here is	there's	← there is

what's	← what is	who's	← who is
where's	← where is	how's	← how is

⑤ —'ll

I'll	← I will	you'll	← you will
he'll	← he will	it'll	← it will
we'll	← we will	they'll	← they will
that'll	← that will	there'll	← there will

⑥ —'ve

I've	← I have	you've	← you have
we've	← we have	they've	← they have

⑦ —'d

I'd	← I would, I should, I had
you'd	← you would, you had
he'd	← he would, he had
we'd	← we would, we should, we had